JUANA LA LOCA

JUANA LA LOCA
Reina de España

Luis Cantalapiedra

ISBN: 84-9764-746-7
Depósito legal: M-28508-2005

Colección: Mujeres en la historia
Título: Juana la Loca
Autor: Luis Cantalapiedra
Coordinador general: Felipe Sen
Coordinador de colección: Mar de Ventura Fernández
Diseño de cubierta: Juan Manuel Domínguez
Impreso en: COFÁS

ÍNDICE

INTRODUCCIÓN

A finales del siglo XV, Laredo era un pueblo de la costa norte de España con un importante puerto. En agosto de 1496 acogió uno de los momentos clave de la historia de España: la Reina Católica Isabel se encontraba reunida con todos sus hijos para despedir, probablemente para siempre, a su tercera hija, la infanta Juana.

La política de alianzas de la Monarquía española había llevado a buscar intensos lazos de unión con Portugal, Inglaterra y el Sacro Imperio Romano Germánico como un medio para asfixiar a la única potencia que parecía querer disputar la hegemonía española: Francia. Así, se llegó a un doble acuerdo matrimonial con el emperador Maximiliano I: Juan, único hijo varón de los Reyes Católicos, se casaría con Margarita de Austria y Juana, con el hermano de aquélla, Felipe, que ya era archiduque de Austria, duque de Borgoña y conde de Flandes.

Antes de la partida de la infanta española, se había producido la boda por poderes en Valladolid, siendo el representante de Felipe el embajador de Maximiliano I en España, Balduín de Borgoña. Es decir, al iniciar su viaje, Juana era ya oficialmente archiduquesa de Austria.

Los últimos momentos en Laredo debieron ser tristes para toda la familia. Existía el antecedente de la partida de la hermana mayor, Isabel, a Portugal, pero ni la distancia ni la diferencia de cultura de España con Portugal y los Países Bajos eran comparables. La última noche que pasaron juntas, la reina trató de insuflar fuerza a su hija, con múltiples y variados consejos. Es preciso recordar que Juana sólo tenía dieciséis años, no conocía en persona a su marido, desconocía la lengua francesa y sabía poco de las costumbres de sus nuevos súbditos. Además había un aspecto más oscuro, que quizá poca gente conocía: la infanta había mostrado ciertas alteraciones en su conducta que tenían a Isabel profundamente preocupada. La propia reina, en un documento que se conserva en el Archivo de Simancas y que ha sido sacado a la luz por Miguel Ángel Zalama en su libro *Vida cotidiana y arte en el palacio de la reina Juana I en Tordesillas*, demuestra que la preocupación por su salud mental era anterior a su salida de España para reunirse con su marido:

La Reyna.

Lo que vos Diego de Vargas contino de my casa avéys de fazer en el cargo que por mi mandado tenéys de mys damas que están con la ynfanta doña Juana my muy cara e muy amada hija es lo siguiente: Avéis de estar continuamente en el aposentamiento de la dicha ynfante my fija donde estovieren las dichas mis damas e mirar por ellas e tener cargo de la guarda dellas, para que ningunas ni algunas personas de mi casa e corte ni de fuera della no entren ni estén donde estovieren las dichas mis damas sin mi licencia e mandado, e quando sus padres o hermanos o otras algunas personas quisieren fablar con ellas o con alguna dellas aveyslo de fazer saber a my para que mi mandando e licencia los fablen e no en otra manera, e avéys de fazer que los porteros que toviesren cargo de la puerta estén de fuera a la guarda e no entren dentro donde estovieren las dichas damas ni dexen entrar a otros algunos aunque sean criados de casa o otros qualesquier ombres de la cámara, eçebto a Moxica quando fuere llamado para servir a la ynfante, e que los dichos porteros no lleven fablas ni mensajes algunos de ninguna persona ni entren dentro a decir cosa alguna syno cuando les fuere mandado (...) que me fagáys saber a mí para que yo lo mande remediar e castigar. Fecha en Alfaro a días de noviembre de mill e quinientos e noventa e çinco años.

8

Parece claro que la reina temía que alguien entrara en contacto con las personas que servían a la infanta y pudieran saber de su extraño comportamiento. Al menos la simiente de la enfermedad estaba ya en la mente de Juana cuando dejó las costas españolas y lamentablemente fue evolucionando desfavorablemente.

Aunque no hay acuerdo sobre la flota preparada para escoltar a Juana y para volver con Margarita de Austria, es evidente que tuvo que ser imponente, puesto que era necesario atravesar el Canal de la Mancha en un momento en que las relaciones con Francia eran de franco enfrentamiento. Quizás esta importante flota se había constituido pensando más que en la integridad de Juana, en la de Margarita, puesto que la infanta española en aquellos momentos se encontraba en tercera posición dentro de la línea sucesoria de Castilla y Aragón y, a poco que los matrimonios de sus hermanos mayores fueran fértiles, lo normal era que fuera perdiendo posiciones progresivamente, mientras que Margarita tenía muchas posibilidades de convertirse en la madre del futuro rey de España.

Finalmente, el 22 de agosto de 1496 se inició la peligrosa travesía que tendría una poco apacible duración de diecisiete días.

Si alguien hubiera augurado en aquellos momentos que apenas cinco años después Juana volvería acompañada de su marido para ser reconocida como heredera al trono de Castilla, seguramente se le hubiera tachado de iluminado.

I. HIJA DE REYES

Isabel y Fernando tuvieron en total cinco hijos: la mayor, Isabel, nacida en 1470; le seguía Juan, que nació en 1478; la siguiente fue Juana, nacida el 6 de noviembre de 1479; a continuación María, nacida en 1482, y la más joven Catalina, que vio la luz en 1485.

Es indudable que los Reyes Católicos hubieran preferido algún otro hijo varón, puesto que la mortandad infantil era muy alta en la época, y porque además, en el Reino de Aragón planteaba ciertos recelos que el heredero pudiera ser una mujer. Por otra parte, Juan no era precisamente un niño robusto; su madre le llamaba «mi ángel». En todo caso, nadie podía prever en aquellas felices fechas de 1485 los terribles cambios que el destino o la Divina Providencia iban a producir en la sucesión de los Reinos de las Españas y que influirían de modo superlativo en los equilibrios de poder del mundo conocido.

Dada la diferencia de edad entre Isabel y el resto de sus hermanas, y dando por hecho que la educación del príncipe Juan fue totalmente diferente, tanto por su sexo como por el previsible futuro que le esperaba, la similitud de edades de las tres hermanas pequeñas, con una diferencia de seis años entre Juana y Catalina, hace suponer que recibieran una formación relativamente homogénea y en muchos casos en común.

Dispusieron de grandes maestros, pudiéndose destacar entre ellos al dominico Andrés de Miranda, al humanista Alejandro Geraldino y a Beatriz Galindo «la Latina». Aunque no se tiene constancia de ello, la formación de las infantas incluyó sin lugar a

11

dudas la música, que fue una de las grandes aficiones de Juana durante toda su larga vida. La formación religiosa debió ser otro importante pilar de su educación en un momento, además, en el que en España convivían, no sin fricciones, las tres grandes religiones monoteístas: islamismo, judaísmo y catolicismo; en este clima enrarecido, la importancia que se concedía a ciertos hábitos y actitudes era de vital importancia. No se puede olvidar que acciones que hoy en día están reservadas a los integrismos más recalcitrantes eran moneda común contra los «infieles», término aplicado por cada una de las religiones para referirse al resto. Las tensiones alcanzaron su cima, como es sabido, con la expulsión de judíos y musulmanes por orden de los Reyes Católicos.

Otro aspecto a tener en cuenta en el período de formación de estas niñas era el carácter itinerante de la Corona española. Sea por los diferentes Reinos que la formaban, por las disputas con los vecinos en todas las fronteras o por la necesidad de hacer sentir su presencia ante una nobleza todavía muy poderosa y reacia a perder sus ancestrales privilegios, lo cierto es que los Reyes Católicos no compartían demasiado tiempo con sus hijas. Se sabe que Juana tuvo, hasta cumplir seis años, una nodriza llamada María de Santisteban y después tuvo como institutriz a Teresa Manrique.

Aunque las niñas tampoco tuvieron una residencia fija, pasaron gran parte de su infancia en Burgos, donde Andrés Miranda era el responsable de su educación, que incluía el aprendizaje del latín, disciplina para la que Juana parecía especialmente dotada. Juana demostró en todo este período de formación que era una persona inteligente, con gran capacidad retentiva y hábil para los idiomas y la música. Las hijas que más destacaban por sus cualidades para el estudio y la danza eran, por este orden, Catalina y Juana, aunque la primera sobresalía sin duda. Aparte de los libros religiosos, para la educación de las infantas se aprovechó la obra titulada *El Jardín de las Nobles Doncellas*, que dedicó a la reina Isabel fray Martín de Córdoba.

La última década del siglo XV comenzó de manera muy esperanzadora para la familia real española, con la boda de la princesa Isabel, la hija mayor de los Reyes Católicos, con el príncipe heredero de la Corona portuguesa, don Alfonso. La partida de Isabel hacia Portugal hizo ascender un peldaño a Juana dentro de la corte española, pero la muerte de don Alfonso sólo tres meses después de la boda hizo regresar a la afligida Isabel. El deseo de mantener a toda costa la alianza con Portugal obligó a que Isabel se casara en 1497, sin mucho entusiasmo, con el nuevo rey luso, Manuel I «el Afortunado» u «o Venturoso».

Además de los enlaces ya comentados del infante don Juan con Margarita de Austria y la infanta Juana con Felipe «el Hermoso», las hermanas pequeñas, María y Catalina, también participaron, con más o menos interés, en las maniobras políticas de sus progenitores. Pocos años después, María debió sustituir a la prematuramente fallecida Isabel en el trono de Portugal, casándose con Manuel «o Venturoso»; fruto de esta unión nacerían el heredero de la Corona portuguesa y futuro Juan III y su hermana Isabel de Portugal, que se casaría con Carlos I de España y sería reina, emperatriz y madre de Felipe II. María falleció también muy joven, en Lisboa, en 1517, cuando sólo tenía treinta y cinco años.

En lo que se refiere a Catalina, llamada «de Aragón», pasó gran parte de su vida en Inglaterra. Con quince años se casó con el príncipe heredero de la Corona inglesa, Arturo, que entonces tenía sólo dieciséis. Poco antes de un año desde la boda, Arturo falleció, probablemente sin haber consumado el matrimonio, dada su extrema debilidad. Inmediatamente Catalina pasó por un período que incluyó la penuria económica, hasta que fue prometida al nuevo heredero, Enrique, que sólo contaba con 11 años. Su padre, Enrique VII, trató de adelantarse y casarse con Catalina, pero ésta, consciente de su misión, no accedió, puesto que sus hijos no heredarían la Corona inglesa a no ser que falleciera sin descendencia el futuro Enrique VIII; no sería la última española que le rechazara. Al fin, tras la muerte en 1509 de Enrique VII se produjo la deseada boda con el nuevo rey. Los problemas de fecundidad de Catalina (sólo tuvo una hija que sobreviviera, María Tudor, que más tarde se casaría con su primo Felipe II) y la presencia de Ana Bolena hicieron que Enrique VIII tratara de conseguir la nulidad del matrimonio o el divorcio, lo que Catalina no consintió nunca. Por una ironía del destino, la hija de los Reyes Católicos sería la inocente causante de la división de la Iglesia Católica. Murió prácticamente recluida en 1536.

Como se vio en la introducción, en 1496 Juana inició su viaje para encontrarse en los Países Bajos con su esposo Felipe. La travesía no fue precisamente agradable, debiendo acogerse la flota en el puerto inglés de Portland. Cuando estaban acercándose finalmente a los Países Bajos, una de las embarcaciones, en concreto la que llevaba el ajuar de la infanta, encalló en las proximidades de la costa, perdiendo parte de su carga, lo que parecía no presagiar nada bueno.

El 8 de septiembre la escuadra alcanzó la costa holandesa, concretamente Arnemuiden, en la provincia de Zelanda. Es de suponer que Juana tendría al menos curiosidad por conocer a su marido, pero aún debió esperar algún tiempo, puesto que en el comité de bienvenida no se encontraba el archiduque, sino la española María Manuel, que estaba casada con Balduín de Borgoña quien, como se recordará, representó a Felipe en la boda por poderes que se celebró en Valladolid. A Juana le informaron de que había una recepción organizada en Brujas (aunque no era seguro que en esta recepción estuviera prevista la asistencia de Felipe) pero ella decidió dirigirse a Bergen op Zoom para visitar a Jean, señor de Berghes, importante personaje dentro de la corte de Felipe «el Hermoso» y uno de los fieles partidarios de la causa española. La deferencia hacia esta familia fue tal que Juana se ofreció gustosa a ser la madrina de un nuevo miembro, una niña a la que llamaron también Juana en agradecimiento por las atenciones recibidas.

La razón por la que Felipe comenzó su relación con la infanta española con este desplante no es suficientemente conocida; se ha

Retrato de Juana «la Loca» de Juan de Flandes, óleo de 1496-1500 (Kunsthistorisches Museum).

pretendido culpar a la corte que le rodeaba, en su mayoría más partidarios de alianzas con Francia que con España, aunque, dado que no era una postura demasiado diplomática, bien podría haber sido la reacción de un jovenzuelo más amante de los placeres mundanos que de las ataduras y los entresijos políticos, que no se veía atraído por la idea del matrimonio. El desencuentro no fue corto, pues desde el día 8 de septiembre hasta el 18 de octubre, cuando finalmente se reunieron en Lille, había pasado más de un mes.

Si extraños habían sido los prolegómenos, más extraño fue el encuentro. En este momento se hace preciso tratar de describir qué apareció a los ojos de cada joven: Juana, con tan sólo dieciséis años y sin lugar a dudas ante su primera relación, tenía delante a un joven muy atractivo; ataviado con ropas de colores vivos, lo que contrastaba con la austera moda española, media melena casi hasta los hombros, cara agraciada y simpático en el trato, extrovertido y seductor. Un auténtico galán de la época y una de las personas más poderosas de Europa; sus títulos: archiduque de Austria, duque de Borgoña, Bragante, Luxemburgo y Limburgo, conde de Flandes, Habsburgo, Hainot, Holanda, Artois y Tirol, y señor de varias ciudades. Además era el legítimo heredero de su padre Maximiliano I, emperador del Sacro Imperio Romano Germánico. Ante Felipe se encontraba una muchacha de indudable atractivo: pelo claro, nariz proporcionada, ojos grandes y expresivos y boca sensual; sus manos eran alargadas con finos dedos, y su cuerpo era proporcionado; al atractivo físico había que añadir que, aunque en aquellos momentos ocupaba el tercer lugar en la línea de sucesión, la gran mortandad de la época hacía que no se descartara ninguna posibilidad, y en su cabeza podía estar la herencia del más poderoso reino europeo, y con un mayor potencial tras el descubrimiento de América.

Aunque algunas fuentes de la época no describen a Juana tan agraciada, e incluso señalan el defecto hereditario del prognatismo, que provoca un gesto bobalicón, lo cierto es que el impacto del encuentro fue tal que todas las crónicas coinciden en que solicitaron de inmediato un sacerdote que les casara antes de la ceremonia oficial para así poder consumar el matrimonio esa misma noche; de ese modo, el capellán de Juana, Diego Ramírez de Villaescusa procedió a casarlos. Dos días después se celebró la ceremonia oficiada por el obispo de Cambray, Henry de Berghes. Por desgracia, seguramente para ambos cónyuges, esta casi enfermiza atracción no perduró por mucho tiempo y posteriormente sólo tuvo ocasionales rebrotes.

Durante el primer invierno de Juana en los Países Bajos se produjo un penoso acontecimiento que, pese a haberse recogido por el cronista Lorenzo de Padilla, parece a todas luces exagerado: se trata de la muerte, por hambre y frío, de unos nueve mil componentes de la flota que acompañó a la infanta hasta su destino y que esperaba realizar el viaje de regreso con Margarita de Austria. Antonio Rodríguez Villa insistía en su libro *La reina doña Juana la Loca* en cantidades similares, pero no es probable que acompañaran a Juana más de cinco mil hombres, luego el número de fallecidos debió ser evidentemente mucho menor, aunque preocupante en todo caso. El asunto dejaba a las claras que a Felipe le preocupaban poco los problemas de los españoles que habían acompañado a su nueva esposa y que no estaba dispuesto a sufragar ningún gasto que no fuera de su competencia, y aun éstos habría que reclamarlos insistentemente.

Otro tema que empezó a preocupar a los Reyes Católicos fue el progresivo aislamiento al que se estaba sometiendo a la recién casada; había llegado de España con una numerosa corte, pero cuyo mantenimiento resultaba muy oneroso. En las capitulaciones matrimoniales se recogía que Felipe tenía que pagar una renta de 20.000 escudos para el mantenimiento de la casa de su esposa, pero esta cantidad no fue nunca satisfecha. Esto situaba a Felipe en una posición de dominio a la hora de contratar o despedir personal para el servicio de Juana, acabando por rodearla de flamencos más preocupados de atender los deseos del archiduque que los de la persona a la que supuestamente debían servir. A España, seguramente a través de los cortesanos que iban siendo despedidos y regresaban a la Península como buenamente podían, y por los informes de los embajadores, comenzaron a llegar noticias de la nueva situación, lo que preocupó a Isabel y Fernando, más que por los problemas que parecía atravesar su hija por la falta de fuerza de su política e influencia en los Países Bajos. Los reyes de España decidieron finalmente enviar un emisario para conocer de primera mano lo que estaba sucediendo. En 1498 se presentó en Bruselas el dominico Tomás de Matienzo; llegó con amplios poderes otorgados por los reyes, entrevistándose a solas con Juana, a la que claramente expuso el descontento de sus padres por la falta de apoyo a los intereses españoles y las veleidades de su marido hacia Francia. La infanta también reprochó a sus padres que la hubieran enviado sola a un país extraño, con distintas costumbres y que comenzaba a sentir la melancolía y amargura que la seguirían durante toda su larga vida. Por suerte había también una buena noticia: Juana estaba embarazada y gozaba de buena salud. Dio por primera vez a luz el 16 de septiembre una niña a la que se llamó Leonor y que, paradojas del destino, nacida en un momento en que las relaciones con los franceses se encontraban tan distantes, llegaría a ser reina de Francia.

Pero lo que estaba ocurriendo en Flandes pasó a un segundo plano comparado con los terribles acontecimientos que se produjeron en España en 1497 y 1498 y que se extenderían hasta 1500, período en que la guadaña de la muerte tuvo trabajo extra y convirtió a la pobre Juana, sin ella pretenderlo, en directa protagonista de los acontecimientos y muñeco en manos de los intereses de los seres que más deberían haberla querido.

II. HEREDERA DE LAS ESPAÑAS

Margarita de Austria llegó a España tras un viaje terrorífico en el que sufrieron una tempestad de tal calibre que pensó que naufragarían. La tormenta fue de tal magnitud que la austriaca, para que su cuerpo fuera reconocido en caso de que se rescatara de las aguas, escribió en una tabla un peculiar texto para que sirviera como documento de identidad: *Cit-git Margot, la gentil demoiselle, qu'eut deux maris, et si mourut pucelle* («Aquí yace Margarita, gentil damisela, que tuvo dos maridos y murió doncella»). Margarita hacía referencia a que había sido prometida en matrimonio anteriormente, cuando sólo contaba con cuatro años, con el rey de Francia, Carlos VIII, que la repudió sin consumar el matrimonio cuando sólo tenía once años. Por lo tanto, el matrimonio con Juan era el segundo. Por suerte no fue necesaria la identificación del cadáver y Margarita pudo consumar su matrimonio con Juan.

Al igual que entre sus respectivos hermanos la atracción entre estos dos jóvenes fue pasional, quedando embarazada la princesa al poco tiempo. La pasión de los dos jóvenes no decreció, dedicando gran parte de su tiempo a disfrutar de su enamoramiento. No obstante, Juan no tenía ni la complexión ni el vigor de su cuñado, atribuyendo la sabiduría popular que su prematuro fallecimiento el 4 de octubre de 1497 fue debido a los excesos en la cama, de los que estaba alertada la reina Isabel, quien no quiso interferir. El mismo Carlos I, en las instrucciones que dejó escritas para su hijo Felipe II en Palamós, el 4 de mayo de 1543, entre otras cosas le decía:

19

Hijo, placiendo a Dios, presto os casaréis, y plega a Él que os favorezca para que viváis en ese estado, como conviene por vuestra salvación y que os dé los hijos que Él sabe serán menester; mas porque tengo por muy cierto que me habéis dicho verdad de lo pasado y que me habéis cumplido la palabra hasta el tiempo que os casáredes, no poniendo duda en ello, no quiero hablar sino en la exhortación que os tengo de dar para después de casado; y es hijo, que, por cuanto vos sois de poca y tierna edad y no tengo otro hijo si no vos, ni quiero haber otros, conviene mucho que os guardéis y que no os esforcéis a estos principios, porque demás que eso suele ser dañoso, así para el crecer del cuerpo como para darle fuerzas, muchas veces pone tanta flaqueza que estorba a hacer hijos y quita la vida como lo hizo al príncipe don Juan, por donde vine a heredar estos Reinos.

Aún quedaba la esperanza del nacimiento de su hijo póstumo que diera continuidad a la dinastía Trastámara, pero Margarita dio a luz una niña muerta.

Cuando llegaron a los Países Bajos estas tristes noticias, la reacción de los archiduques fue radicalmente opuesta: Juana ordenó luto oficial en su casa, mientras que Felipe lo celebró privadamente y comenzó a maniobrar para conseguir los apoyos necesarios para comenzar a reclamar los derechos de sucesión. Pero aún no había llegado su momento.

La siguiente persona en la línea de sucesión era Isabel, la hermana mayor, casada en segundas nupcias con Manuel I de Portugal. Isabel quedó embarazada y el 24 de agosto de 1498, tras un complicado parto, dio a luz a un niño al que se llamó Miguel, que pasaba a ser el heredero de las Coronas de Castilla, Aragón y Portugal y que se convirtió en la esperanza de los muchos que llevaban años soñando con la completa unidad peninsular, el anhelo de reunir las Españas, como no sucedía desde la época del rey Don Rodrigo. Desgraciadamente, Isabel no resistió el trance del parto, falleciendo a las pocas horas y quedando el nuevo retoño como único obstáculo para que Juana fuera la legítima heredera.

Tal era la preocupación de los Reyes Católicos por cuidar de Miguel que, no se sabe si con la aquiescencia o con el sometimiento de su padre, el niño quedó en Castilla bajo la custodia de sus abuelos maternos. Tal vez por la obsesión de que el niño les acompañara a todas partes sin proporcionarle un lugar estable de residencia, su salud no fue nunca muy buena, no pudiendo hacer nada por evitar que finalmente falleciera en Granada el 20 de julio de 1500, antes de cumplir los dos años.

Frente a este cúmulo de desastres Juana y Felipe estaban viviendo los momentos más dulces de su corta pero tormentosa vida en común. El 24 de febrero de 1500 habían tenido, en Gante, su primer hijo varón, Carlos. La alegría de Felipe por el nacimiento de su primogénito fue inmensa, y esta alegría fue transmitida a sus súbditos, que celebraron el nacimiento con fiestas populares. Para asistir al bautizo, que se celebró el 7 de marzo del mismo año, acudió Margarita, la viuda del príncipe Juan, que fue madrina del recién nacido. Se cuentan dos versiones muy similares sobre las palabras que dijo la reina Isabel al conocer la noticia del nacimiento de Carlos. Según una versión exclamó: *¡Éste será el que se lleve las suertes!* Según otra versión, en clara referencia a que el nacimiento se había producido el día de San Matías, dijo: *¡La suerte viene por San Matías!* En ambos casos el significado venía a ser el mismo. Margarita propuso que el niño se llamara Juan, en recuerdo de su marido, pero Felipe ya había previsto llamarle como su abuelo, Carlos «el Temerario». Aunque aún era pronto para pronosticarlo, Margarita permanecería toda su vida muy unida a su nuevo sobrino, siendo la encargada de su educación hasta que el joven se dirigió a España para ser coronado rey.

Algunos meses después recibieron la noticia de que, por fin, Juana era la legítima heredera de España. Felipe, ya fuera por este motivo, por el nacimiento de Carlos o por la conjunción de ambos, colmó a su mujer de atenciones, como no lo había hecho desde sus primeros días de matrimonio y fruto de estas atenciones concibió su tercer hijo, una niña que nacería en julio de 1501 y a la que llamaron Isabel.

Aunque seguramente no era la única razón, la espera por el nacimiento de esta niña retrasó el viaje de los nuevos herederos de España hacia la Península, pese a que habían sido llamados por los Reyes Católicos para su reconocimiento oficial. Los reyes españoles intentaron que Felipe y Juana viajaran con su hijo Carlos, en un intento de que fuera España su residencia habitual, pero esta propuesta tampoco fue aceptada por Felipe, aunque en esta ocasión sí que había una razón de importancia: el niño tenía escasamente año y medio y el viaje a España suponía un riesgo para cualquier persona, cuánto más para un niño de esa edad que además representaba la esperanza de sucesión de media Europa.

Todo este período entre el nacimiento de Carlos y el primer viaje de regreso a España, desde su salida en 1496, fue probablemente el de mayor felicidad y estabilidad emocional en la vida de Juana, como así lo atestiguan los informes que remitían a los Reyes Católicos sus enviados a los Países Bajos; de ese modo, Gómez de Fuensalida escribió: *...Mas en persona de tan poca edad no creo que se ha visto tanta cordura.* Poco después, el obispo de Córdoba, Juan Rodríguez de Fonseca, dijo, en referencia a Juana: *Habida por muy cuerda y muy asentada.* En todo caso, es cierto que tanta referencia al estado mental de la joven princesa hace suponer que existía una gran preocupación, sobre todo por parte de Isabel, sobre su verdadera salud y su equilibrio emocional, puesto que era raro el mensaje en el que no se hablara de la cordura de la archiduquesa.

Finalmente, los archiduques salieron de Bruselas el 4 de noviembre de 1501, dejando a sus tres hijos en la corte de Malinas. Pero hasta el recorrido para llegar a España supuso un nuevo desencuentro entre Felipe y sus suegros. Las relaciones entre España y Francia seguían sin ser precisamente amistosas y los Reyes Católicos esperaban que Felipe mantuviera, al menos,

*Isabel «la Católica», óleo de Juan de Flandes hacia 1485,
Museo del Prado, Madrid.*

una actitud distante con el rey francés, pero la realidad era muy distinta, puesto que el propio Felipe se había reconocido súbdito del rey galo por los territorios de Flandes y Artois. Más grave, si cabe, podía considerarse el anuncio que hizo Felipe el 19 de agosto de 1501, según el cual se comprometía a su hijo Carlos con Claudia, la hija de Luis XII. Con la nueva condición de heredero de España, se había esperado que la actitud de Felipe hubiera dado un giro importante, pero la decisión de hacer el viaje hasta la Península por tierra, es decir, atravesando Francia, dio al traste con las esperanzas españolas.

La corte del rey Luis XII era magnífica y se engalanó especialmente para recibir a Felipe y Juana. La estancia de los príncipes duró del 7 al 17 de diciembre, período en que fueron agasajados continuamente, aunque se produjo un episodio en el que Juana demostró una absoluta lucidez, a pesar de que con su actitud enojó visiblemente a su marido. Todo aconteció durante una misa. Luis XII quiso mostrar públicamente el vasallaje de Felipe, como conde de Flandes. Los gestos y su significado eran típicamente medievales; durante la ceremonia, Luis entregó a Felipe unas monedas de oro para que éste a su vez las diera como donativo a la iglesia donde se celebraba la ceremonia, lo que suponía que el borgoñón aceptaba la protección del francés; el gesto fue seguido gustosamente por Felipe. Quizá animados por el agrado con que Felipe había seguido el ritual, Ana, la esposa de Luis XII, pretendió hacer lo mismo con Juana, pero ésta rechazó el ofrecimiento, respondiendo que ella, heredera de los Reinos de las Españas, sólo ofrecía dádivas en su nombre. Parece ser que a la salida de la iglesia hubo otro intento de Ana para someter a Juana, apresurándose en salir para que la española no tuviera más remedio que seguirla. Juana nuevamente dio muestras de controlar la situación, permaneciendo unos minutos orando dentro de la iglesia, con lo que finalmente fue Ana quien tuvo que esperar a la princesa. Todos estos acontecimientos hicieron que la estancia se fuera enrareciendo, continuándose, quizá antes de lo previsto, el viaje hacia España.

La travesía de los Pirineos (hay que recordar que era pleno invierno) no debió de ser fácil, siendo Fuenterrabía la primera ciudad española donde se alojaron, para proseguir hasta Segura, población próxima a Tolosa, donde permanecieron algunos días para recuperar fuerzas.

Burgos fue la primera ciudad de importancia donde se pudo pulsar el sentimiento de los españoles hacia los nuevos herederos y parece que fue bastante acogedor. Muchos nobles castellanos veían en Felipe la nueva savia que podría traerles una mayor prosperidad, más relevancia en los asuntos de gobierno y, sin duda, mayor poder y riquezas. Era visto como el contrapunto al férreo control que durante años habían ejercido los Reyes Católicos, que no habían dudado en derribar fortalezas y eliminar privilegios y prebendas de los nobles que se habían opuesto a su política unificadora.

Después de Burgos se dirigieron hacia Toledo, donde les esperaban los reyes y las Cortes. El viaje fue lento, puesto que fueron pasando por Valladolid, donde se instalaron durante diez días, continuando el camino pausadamente, a través de Segovia y Madrid, para llegar a Olías, pueblo situado a las puertas de Toledo. El primer encuentro entre los reyes y los príncipes estaba previsto para el día 30 de abril de 1502, pero Felipe enfermó y tuvo que guardar cama. Fernando, tras asegurarse de que la enfermedad de su yerno no era contagiosa, tomó la iniciativa de acercarse a Olías a visitar al enfermo. Al llegar al pueblo, Juana estaba esperando a su padre, siendo el reencuentro muy emotivo; padre e hija se habían separado hacía ya casi seis años y durante varios de ellos pensaron que no se volverían a ver. Tras el acogedor recibimiento, Juana condujo a su padre hasta la habitación donde se recuperaba Felipe, haciendo las veces de intérprete entre Fernando y su marido. Aunque no han trascendido los temas de conversación es de suponer que fueron meramente protocolarios, más teniendo en cuenta

25

que la traductora era la persona que probablemente estorbaba a los intereses de ambos.

Tras este corto paréntesis, el 7 de mayo se produjo finalmente la entrada de los archiduques en Toledo. En esta ocasión Fernando salió a recibirlos, dando nuevamente muestras de consideración hacia los recién llegados. Aunque se ha querido ver en el recibimiento un intento del rey por relegar a su hija a un segundo plano, indicando que Fernando y Felipe se adelantaron a Juana, es dudoso que lo hiciera, siendo lo más probable que entraran los tres a la par y, si acaso, el rey ligeramente adelantado.

Isabel, que esperaba sobre todo la llegada de su hija, tenía ya la salud quebrantada. El encuentro con Juana debió de ser muy entrañable; fue seguido de una reunión privada en el dormitorio de la reina, en la que no hubo testigos, aunque es fácil suponer los temas de conversación entre una madre y una hija, que además había sido varias veces madre. Es seguro que Juana se derrumbaría después de tantos años de tensión, teniendo que expresarse en un idioma extranjero, rodeada cada vez de más extraños; por fin se encontraba como si el tiempo no hubiera pasado. Pero la sensación debió durar poco, porque sin lugar a dudas Isabel, muy preocupada por el futuro de España, abordaría temas más oficiales, con la intención evidente de salvaguardar los intereses de su hija y del Reino. También es seguro que Isabel trataría de hacerse idea del estado mental de Juana, puesto que la preocupación sobre este aspecto se mantenía inalterable. Muy probablemente el amor de madre y el positivo efecto que el reencuentro debió producir en Juana darían a Isabel la impresión de que la estancia en Flandes había sido una dura prueba para su hija, pero que sería capaz de superarla. La reina estaba dispuesta a apoyar a la archiduquesa en la lucha por la sucesión al trono de Castilla.

El solemne día del reconocimiento de los nuevos príncipes fue el 27 de mayo de 1502 y la ceremonia se celebró en la imponente catedral de Toledo. Los actos comenzaron por una misa oficiada por el arzobispo de Toledo, Francisco Jiménez de Cisneros, en ese momento testigo de excepción pero que muy pronto sería uno de los protagonistas de la historia de España. Estaban presentes los reyes y los príncipes, la alta nobleza, los obispos y los procuradores de las dieciocho ciudades con representación en las Cortes de Castilla. A continuación de la misa, el letrado de las Cortes, licenciado Zapata, leyó el escrito que reconocía a Juana como princesa de Asturias y heredera de la Corona de Castilla y a Felipe como príncipe consorte.

Una vez más los cambios de actitud de Felipe para con su esposa se evidenciaron: tras la alegría por haber conseguido ser reconocido príncipe consorte se produjo un nuevo período de estabilidad emocional, quedando Juana nuevamente embarazada en esas fechas, en esta ocasión de su segundo hijo varón, Fernando.

Al poco tiempo Felipe empezó a manifestar su intención de partir cuanto antes hacia los Países Bajos, pero todavía faltaba otro trámite obligado: el reconocimiento de las Cortes de Aragón como herederos de este Reino. Este reconocimiento requirió por parte de Fernando un esfuerzo diplomático importante, puesto que la legislación aragonesa tenía vigente la ley sálica, que excluye de la sucesión a las mujeres, es decir, en ningún caso una mujer podía ser reina de Aragón. Fernando consiguió que no se tuviera en cuenta esta ley, pero a costa de incluir una consideración en el escrito de reconocimiento: Juana sería reina de Aragón cuando muriera Fernando, a no ser que éste tuviera antes un hijo varón legítimo. El 27 de octubre de 1502 Juana y Felipe fueron reconocidos herederos de la Corona de Aragón. Entonces ocurrió algo que resulta un claro indicio de la talla política de Fernando «el Católico»: tratando de implicar al máximo a su yerno en los asuntos de Aragón, y alegando que Isabel había enfermado, partió con urgencia de Zaragoza, diciendo a Felipe que presidiera las Cortes. Muy posiblemente Felipe se sentiría halagado y es de suponer que aceptara en un principio, pero cuando tuvo conocimiento de que se iban a tratar asuntos en contra de los intereses franceses abandonó precipitadamente Zaragoza, dejando a Juana presidiendo las Cortes.

Quizá ésta fue la única vez que Juana pudo disfrutar realmente de su condición de heredera al trono de Aragón.

Finalizados todos los trámites, Felipe no quería pasar ni un día más en España. Con la excusa de que había prometido a sus súbditos que volvería cuanto antes, no admitió ninguna posibilidad de retrasar el viaje, y eso que había razones fundadas y de peso para haberlo hecho. Por un lado estaba el embarazo de Juana, ya bastante avanzado, que desaconsejaba el viaje para ella, a pesar de que también insistió en irse con su marido. Por otro lado se acercaba el invierno, lo que endurecía aún más las condiciones de los viajes, ya fueran por tierra o por mar. Por último, y sin duda no menos importante, estaban las relaciones con Francia, en aquellos instantes en uno de sus peores momentos, por lo que los reyes no podían consentir que Juana atravesara ese país, con el riesgo añadido de que pudiera ser retenida y utilizada como precioso rehén, cuando ya era la legítima heredera de los Reinos de Castilla y Aragón.

Los reyes intentaron que Juana convenciera a su marido para que se quedara, pero lo único que consiguieron fue que ella también deseara irse cuanto antes. El último intento para retenerlo fue proponer a Felipe que al menos pasara las Navidades en España, pero ni eso se consiguió. Juana quedó en un estado de melancolía preocupante y su único estímulo era volver a los Países Bajos a la mayor brevedad posible.

III. JUANA, «LA LOCA»

El 10 de marzo de 1503 nació en Alcalá de Henares el cuarto hijo, segundo varón, de Juana. Se le llamó Fernando y llegaría a ser, aunque siempre a la sombra de su hermano Carlos, uno de los actores principales del siglo XVI. Desde el nacimiento de su hijo la obsesión de Juana fue partir cuanto antes a reunirse con Felipe, sin preocuparle, aparentemente, la situación en que quedaría el recién nacido. Este período pasado en España parece poner en duda la teoría de que Juana había estado casi cautiva en Flandes, que su estancia allí había sido un infierno y que la permanencia en España la ayudaría a recuperarse mentalmente. Muy al contrario, su enfermizo amor hacia Felipe le hacía desear con anhelo regresar cuanto antes junto a él, cosa que, indudablemente, no le ocurría a su marido, quien aprovechó la larga ausencia de Juana para establecer nuevas amistades femeninas.

Frente a la insistencia de Juana por irse se oponía la resistencia, sobre todo de Isabel, a lo que consideraba una salida precipitada. Hasta el nacimiento de Fernando todo se había mantenido dentro de los límites razonables, pero el final del embarazo, junto con las cartas que Felipe la dirigía reclamando su presencia, hizo que la partida se convirtiera en una obsesión.

Si terca era Juana, no menos terca estaba Isabel, quizá consciente de que sus días se acababan y que todo sería más fácil si su hija heredaba el trono de Castilla desde España, respaldada por su padre y apoyada por la nobleza. Pero Juana, sin la expresa autorización de sus padres, comenzó el viaje hacia el norte de España, partiendo en el verano de 1503 hacia Segovia, donde la siguió

Isabel. A continuación, fue a Medina del Campo. Isabel en esta ocasión permaneció en Segovia, dado que su salud iba empeorando y no estaba en condiciones de hacer otro viaje. Para evitar que Juana se fuera sin su consentimiento, cosa que parecía inminente, pues la princesa había enviado parte de su equipaje hacia la costa, la reina ordenó que si era necesario no se le permitiera salir del castillo de la Mota, donde se encontraba alojada.

Esto originó el incidente más grave que se produjo entre madre e hija y que sin lugar a dudas minó irreparablemente la salud de ambas, dejando un resquemor que ya no tendría curación. Cuando Juana, decidida a iniciar su viaje hacia los Países Bajos, intentó franquear las puertas del castillo, el obispo Juan Rodríguez de Fonseca, cumpliendo las indicaciones de la reina, dio orden de que se cerraran a cal y canto. La princesa no estaba dispuesta a claudicar con facilidad y por el testimonio de Pedro Mártir de Anglería se dispone de una gráfica información sobre su estado: *Como leona africana en un acceso de rabia, pasó aquella noche a cielo raso en la explanada interior de fortaleza.* Sólo quienes conozcan las noches del otoño e invierno castellano se pueden hacer idea de lo que debió pasar aquella pobre mujer, con temperaturas que pueden estar por debajo de la barrera de los cero grados, encerrada por su madre, desobedecida por sus sirvientes, abandonada por su marido.

En cuanto la reina supo de la situación, dado que no se encontraba en condiciones de acudir personalmente, envió personas de su confianza para tratar de calmar a Juana e intentar que regresara a sus aposentos, pero todo fue inútil. Ya sólo cabía la posibilidad de que la propia reina viajara a Medina, cosa que hizo a pesar de su quebrantado estado de salud. La entrevista debió adquirir tintes dramáticos, pues Isabel era una mujer que, aun enferma, tenía un carácter realmente temible. Frente a ella tenía a su hija, que la estaba desobedeciendo y haciéndola pasar públicamente por una situación que nadie en el mundo en su sano juicio se hubiera atrevido a provocar. Pero el estado mental de Juana estaba lejos de la normalidad. Nuevamente se puede acudir a textos de la época, en este caso de la propia reina, para darse cuenta de lo que debió ocurrir. Isabel escribiría a Gutierre Gómez de Fuensalida, embajador en Flandes:

Y aunque le envié a decir que yo venía a posar con ella, rogándola que se volviera a su aposentamiento, no quiso volver ni dar lugar a que aderezasen el aposentamiento hasta que yo vine y la metí. Y entonces ella me habló tan reciamente, de palabras de tanto desacatamiento y tan fuera de lo que una hija debe decir a su madre, que si yo no viera la disposición en que ella estaba, yo no se las sufriera en ninguna manera.

¿Cómo se puede dudar del amor que esta madre sentía hacia su hija, de la tremenda aflicción que sufría de ver el estado mental en que se encontraba Juana y que inevitablemente se iba agravando? Según la tradición popular, a partir de aquel momento Juana comenzó a recibir el calificativo de «la Loca».

Para aumentar la presión sobre los Reyes Católicos, Felipe remitió una carta supuestamente firmada por su hijo Carlos, que contaba cuatro años, por lo que se hace difícil hasta creer que supiera escribir, en la que el futuro emperador, con una claridad poco probable en un niño de esa edad, pedía el regreso de su madre. Es posible que esta carta no llegara a manos de Juana, pero seguramente influyó en las decisiones adoptadas.

La reina, finalmente, tuvo que ceder ante el estado descompuesto de su hija, prometiéndole que podría partir en la primavera, cuando las condiciones climatológicas permitieran hacer viaje por mar o por tierra si la situación con relación a Francia mejoraba.

Por fin, en marzo, Juana se dirigió a Laredo. Sus padres preferían que hiciera el viaje en barco, mientras que su marido era partidario de que regresara a través de Francia. Para ello había conseguido de Luis XII salvoconductos que aseguraban el paso sin problemas por territorio francés, pero Juana, quizá por dar una pequeña alegría a sus padres o porque recordara que su anterior estancia en Francia no había sido del todo agradable, decidió esperar en Laredo hasta que la situación fuera propicia para el regreso, cosa que hizo en mayo de 1504. Hacía casi año y medio que se había separado de su marido.

La llegada a Flandes no fue como ella soñaba. Su marido se había acostumbrado a vivir sin ella y además había buscado otras damas para sustituirla en la cama. Una de estas damiselas sufrió en sus carnes las consecuencias de la desmedida pasión de Juana hacia Felipe: fuera porque detectara algún tipo de conexión especial entre su esposo y la rubia y guapa dama o porque alguien de la corte le informara de ello, el caso es que ella misma tomó unas tijeras y públicamente trató de cortar la melena que tanto atractivo ejercía sobre su marido. Ni que decir tiene que en el forcejeo la pobre favorita salió bastante mal parada, perdiendo parte de su cabellera y sufriendo algunos cortes en rostro y cuero cabelludo, eso sí, de escasa importancia. Cuando Felipe tuvo conocimiento de lo acontecido, su reacción fue también desmedida, insultando a su mujer, apartándola de él, manifestando que nunca volvería a tener relaciones con ella y llegando a la agresión física, según algunos testigos.

Las relaciones entre la pareja llegaron a ser una auténtica guerra psicológica. Felipe trató de despedir a todos los sirvientes que Juana había traído de España en el último viaje, por entender que influían negativamente en su mujer y lo que era peor, le impedían tener la influencia que sobre ella ejercía en el pasado. Le amenazó con no volver con ella hasta que no aceptara estos despidos. Juana reaccionó con la violencia que últimamente la estaba caracterizando. Quizá la situación hubiera llegado a un punto sin retorno, pero un nuevo acontecimiento hizo que estas disputas pasaran a segundo plano: el 26 de noviembre de 1504 fallecía la reina Isabel en Medina del Campo, sumiendo a Castilla en terribles dudas sobre su futuro y a Juana en una tremenda depresión.

IV. REINA DE CASTILLA

Aunque la noticia de su muerte sorprendió a muchos de sus vasallos, Isabel sabía algunos días antes que su fin estaba cerca, por eso, sólo tres días antes de su fallecimiento hizo las últimas correcciones al testamento, en el que dejaba clara la situación de heredera de la Corona de Castilla de su hija Juana, así como el papel que debían jugar Felipe y Fernando:

Otrosí, conformándome con lo que debo e soy obligada de derecho, ordeno e establezco e instituyo por universal heredera de todos mis Reinos e Tierra e Señoríos, e de todos mis bienes raíces, después de mis días, a la Ilustrísima Princesa Doña Juana, Archiduquesa de Austria, Duquesa de Borgoña, mi muy cara e muy amada hija primogénita, heredera e sucesora legítima de los dichos mis Reinos e Tierras e Señoríos: la cual, luego que Dios me llevare, se intitule Reina: E mando a todos los Prelados, Duques, Marqueses, Condes, Ricos-hombres, Priores de las Órdenes, Comendadores e Sub-Comendadores e Alcaides de los Castillos e Casas-fuertes e llanas, e a los mis Adelantados e Merinos, e a todos los Concejos, Alcaides, Alguaciles, Regidores, Veinticuatros, Caballeros jurados, Escuderos jurados, Oficiales e Hombres-buenos de todas las ciudades e villas e lugares de los dichos mis Reinos e Tierras e Señoríos, e a todos los otros mis vasallos e súbditos e naturales de cualquier estado o condición o preeminencia e dignidad que sea, e a cada uno e cualquier de ellos, por fidelidad e lealtad e reverencia e obediencia e sujeción e vasallaje que me deben, e a que me son adscritos e obligados como a su Reina e Señora natural, e en virtud de los juramentos e fidelidades e pleitos e homenajes que me hicieron al tiempo que yo sucedí en los dichos mis Reinos e Señoríos, que cada e cuando Dios pluguiere de me llevar de esta presente vida, los que allí se hallaren presentes luego e ausentes dentro del término que las leyes de estos mis Reinos disponen en tal caso, hallen y reciban y tengan a la dicha Princesa Doña Juana, mi hija, por Reina verdadera e Señora natural propietaria de los dichos mis Reinos e Tierras e Señoríos, e alcen pendones por ella, haciendo la solemnidad que en tal caso se requiere e debe e acostumbra a hacer; e así la nombren e intitulen desde en adelante, y le den y presten y exhiban e hagan dar e prestar y exhibir toda la fidelidad e obediencia e reverencia e sujeción e vasallaje que, como súbditos e naturales vasallos le deben e son obligados a le dar y prestar, y al Ilustrísimo Príncipe D. Felipe, mi muy caro e muy amado hijo, como a su marido; e quiero e mando que todos los Alcaides de Alcázares e Fortalezas e Tenientes de cualquier ciudades e villas e lugares de los dichos mis Reinos e Señoríos, hagan luego juramento e pleito e homenaje en forma, según costumbre e fuero de España, por ellas a la dicha Princesa, mi hija, e de las tener e guardar con toda fidelidad e lealtad para su servicio e para la Corona Real de los dichos mis Reinos durante el tiempo que se las ella mandare tener; lo cual todo, que dicho es, a cada cosa e parte de ello, les mando que así hagan e cumplan realmente e con esfuerzo todos los susodichos Prelados e Grandes, e Ciudades, e Villas, e Lugares, e Alcaides e Tenientes, e todos los otros susodichos mis súbditos e naturales, e sin embargo ni dilación, ni contratiempo alguno que sea o ser pueda, so aquellas penas e casos en que incurren e caen los vasallos e súbditos que son rebeldes e inobedientes a su Reina e Princesa e Señora natural, e le denieguen el Señorío, e sujeción, e vasallaje, e obediencia, e reverencia que naturalmente le deben y son obligados a le dar y prestar.

Otrosí, considerando cuanto yo soy obligada de mirar por el bien común de estos mis Reinos e Señoríos, así por la obligación que como Reina y Señora de ellos les debo, como por los muchos servicios que de mis súbditos e vasallos, e moradores de ellos, con mucha lealtad he recibido; e considerando asimismo la mejor herencia que puedo dejar a la Princesa e al Príncipe, mi hijo, es dar órdenes como mis súbditos e naturales les tengan el amor e les sirvan lealmente, como al Rey, mi Señor, e a mí han servido, e que por las leyes e ordenanzas de estos dichos mis Reinos, hechas por los Reyes, mis progenitores, está mandado que las Alcaldías, e Tenencias e Gobernaciones de las ciudades e villas e lugares e oficios que tienen aneja jurisdicción alguna en cualquier manera, e los oficios de la Hacienda e de la Casa e Corte, e los oficios mayores del Reino, e los oficios de las ciudades e villas e lugares de él, no se den a extranjeros, así porque no sabrían regir ni gobernar según las leyes e fueros e derechos e usos e costumbres de estos mis Reinos, como porque las ciudades e villas e lugares donde los tales extranjeros hubieren de regir e gobernar, no serán bien regidas e gobernadas, e los vecinos e moradores de ellos no serían de ello contentos, de donde cada día se recrecerían muchos escándalos e desórdenes e inconvenientes, de que Nuestro Señor sería deservido, e los dichos mis Reinos, e los vecinos e moradores de ellos recibirían mucho daño e detrimento; e viendo como el Príncipe, mi hijo, por ser de otra nación e de otra lengua, si no se conformase con las dichas Leyes e Fueros e costumbres de estos mis Reinos, e él e la Princesa, mi hija, no les gobernasen por las dichas Leyes e Fueros e usos e costumbres, no serán obedecidos como deberían; e podrían de ellos tomar algún escándalo e no tenerles el amor que yo querría que les tuviesen, para con todo servir mejor a Nuestro Señor e gobernarlo mejor y ellos poder ser mejor servidos de sus vasallos; e conociendo que cada Reino tiene sus Leyes e Fueros e usos e costumbres, e se gobierna por sus naturales: Por ende, queriéndolo remediar todo, de manera que los dichos Príncipe e Princesa, mis hijos, gobiernen estos dichos Reinos después de mis días, e sirvan a Nuestro Señor como deben, e a sus súbditos e vasallos paguen la deuda que como Reyes e

35

Señores de ellos les deben e son obligados; ordeno y mando que de aquí en adelante no se den las dichas Alcaldías e Tenencias de Alcázares, ni Castillos, ni fortalezas, ni gobernación, ni cargo ni oficio que tenga en cualquier manera aneja jurisdicción alguna, ni oficio de justicia ni oficios de ciudades ni villas ni lugares de estos mis Reinos e Señoríos, ni los oficios mayores de los dichos Reinos e Señoríos, ni los oficios de la Hacienda de ellos, ni de la Casa o Corte, a persona ni personas algunas de cualquier estado o condición que sean, que no sean naturales de ellos; e que los Secretarios ante los que hubieren de despachar cosas tocantes a estos mis Reinos e Señoríos, e a los vecinos e moradores de ellos sean naturales de los dichos mis Reinos e Señoríos: e que estando los dichos Príncipe e Princesa, mis hijos, fuera de estos mis dichos Reinos e Señoríos, no llamen a Cortes los Procuradores de ellos, que a ellas deben e suelen ser llamados, ni hagan fuera de los dichos mis Reinos e Señoríos Leyes e Pragmáticas, ni las otras cosas que en las Cortes se deben hacer según las Leyes de ellos; ni provean en cosa alguna tocante a la gobernación ni administración de los dichos mis Reinos e Señoríos: E mando a los dichos Príncipe e Princesa, mis hijos, que así lo guarden e cumplan, e no den lugar a lo contrario.

Otrosí, por cuanto a los Arzobispados e Obispados, e Abadías e Dignidades e Beneficios eclesiásticos e los Maestrazgos e Priorazgo de S. Juan, son mejor regidos e gobernados por los naturales de los dichos Reinos y Señoríos e las Iglesias mejor servidas e aprovechadas: mando a la dicha Princesa e al dicho Príncipe, su marido, mis hijos, que no presenten en Arzobispados, ni Obispados, ni Abadías, ni Dignidades, ni otros Beneficios eclesiásticos, ni algunos de los Maestrazgos e Priorazgos, a personas que no sean naturales de estos mis Reinos.

Otrosí, por cuanto puede acaecer que al tiempo que Nuestro Señor de esta vida presente me llevare, la dicha Princesa, mi hija, no esté en estos Reinos, o después que a ellos viniere, en algún tiempo haya de ir e estar fuera de ellos, o estando en ellos no quiera o no pueda atender en la Gobernación de ellos, e para cuando lo tal acaeciere es razón que se dé orden para que la gobernación de ellos haya de quedar y quede de manera que sean bien regidos e gobernados en paz, e la justicia administrada como debe; e los Procuradores de los dichos mis Reinos en las Cortes de Toledo el año de quinientos e dos, que después se continuaron e acabaron en las villas de Madrid, e Alcalá de Henares el año de quinientos e tres, por su petición me suplicaron e pidieron por merced, que mandase proveer cerca de ello, y que ellos estaban prestos y aparejados de obedecer e cumplir lo que por mi fuese acerca de ello mandado, como buenos e leales vasallos e naturales, lo cual yo después hube hablado a algunos Prelados e Grandes de mis Reinos e Señoríos, e todos fueron conforme e les pareció que en cualquier de los dichos casos, el Rey, mi Señor, debía regir e gobernar e administrar los dichos mis Reinos y Señoríos por la dicha Princesa, mi hija: Por ende quiero remediar y proveer, como debo y soy obligada, para cuando los dichos casos o alguno de ellos acaeciere y evitar las diferencias y disensiones que se podrían seguir entre mis súbditos e naturales de los dichos mis Reinos, e cuanto en mi es proveer a la paz e sosiego e buena gobernación e administración de ellos; acatando la grandeza y excelente nobleza y esclarecidas virtudes del Rey, mi Señor, e la mucha experiencia que en la gobernación de ellos ha tenido e tiene; e cuanto es servicio de Dios e utilidad e bien común de ellos, que en cualquier de los dichos casos sean por Su Señoría regidos e gobernados: Ordeno e mando que cada e cuando la Princesa mi hija no estuviere en estos mis Reinos, o después que a ellos viniere, en algún tiempo haya de ir y estar fuera de ellos, o estando en ellos no quisiere o no pudiere entender en la gobernación de ellos, que en cualquier de los dichos casos el Rey, mi Señor, rija, administre e gobierne los dichos mis Reinos e Señoríos, e tenga la administración e gobernación de ellos por la dicha Princesa, según dicho es, hasta tanto que el Infante don Carlos, mi nieto, hijo primogénito, heredero de los dichos Príncipe

37

e Princesa, sea de edad legítima, a lo menos de veinte años cumplidos para los regir e gobernar; e excediendo de la dicha edad, estando en estos mis Reinos a la sazón, e viniendo a ellos para los regir, los rija e gobierne e administre en cualquiera de los dichos casos, según e como dicho es. E suplico al Rey, mi Señor, quiera aceptar el dicho cargo de gobernación, e regir e gobernar estos dichos mis Reinos e Señoríos en dichos casos, como yo espero que lo hará: e como quiera que según Su Señoría siempre ha hecho por acrecentar las cosas de la Corona Real, e por esto no es necesario más lo suplicar, mas por cumplir lo que soy obligada, quiero e ordeno e así lo suplico a Su Señoría, que durante la dicha gobernación no dé, ni enajene, ni consienta dar, ni enajenar, por vía ni manera alguna, Ciudad, Villa, ni Lugar, ni Fortaleza, ni maravedís de juro, ni jurisdicción, ni oficio de justicia, ni perpetuo, ni otra cosa alguna de las pertenecientes a la Corona e Patrimonio Real de los dichos mis Reinos, Tierras e Señoríos, ni a las Ciudades; Villas e Lugares de ellos: e que Su Señoría antes que comience a usar de la dicha gobernación, ante todas cosas, haya de jurar e jure en presencia de los Prelados, e Grandes, e Caballeros, e Procuradores de los dichos mis Reinos, por ende a la sazón se hallaren, por ante Notario público, que de ello dé testimonio, que bien e debidamente se regirá e gobernará los dichos mis Reinos, e guardará el pro e utilidad e bien común de ellos, e que los acrecentará en cuanto con derecho pudiere, e los tendrá en paz e justicia, e que guardará e conservará el Patrimonio de la Corona Real de ellos, e no enajenará e consentirá enajenar cosa alguna como dicho es; e que guardará e cumplirá todas las otras cosas que buen Gobernador e Administrador debe y es obligado a hacer e cumplir e guardar durante la dicha gobernación. E mando a los Prelados, Duques, Marqueses, Condes, e Ricos-homes e a todos mis vasallos e Alcaides, e a todos mis súbditos e naturales de cualquier estado, preeminencia o condición e dignidad que sean, de los dichos mis Reinos e tierras e Señoríos, que como a tal Gobernador e Administrador de ellos, en cualquiera de los dichos casos, obedezcan a Su Señoría e cumplan sus mandamientos, e le den todo favor e ayuda, cada e cuando fueren requeridos, según e como en tal caso lo deben e son obligados a hacer.

Analizando el testamento queda de manifiesto que es una auténtica obra maestra de la previsión. Primeramente deja aclarado que la reina de derecho de Castilla es doña Juana; para que este punto quede meridianamente claro, en ninguna parte del testamento se refiere a Felipe como rey, sino que los honores le son reconocidos como marido de Juana. En cambio, sí se refiere a Fernando en todo el texto como «el Rey mi señor». Para que siga sin haber dudas, limita todo nombramiento en los puestos más representativos del Estado a personas nacidas en España; esto es un nuevo freno a las temidas pretensiones de Felipe. Por último, y por si algo podía dar origen a interpretaciones y controversias, define sin lugar a dudas los casos que se pueden producir para que Fernando ejerciera su regencia: que la princesa no esté, no quiera o no pueda. Este último caso vuelve a dejar en evidencia la salud mental de Juana: para que su madre lo reflejara en el testamento debía ser algo notorio, evidente y preocupante. La reina ordenaba que en los casos anteriormente expuestos el regente de Castilla sería Fernando hasta que su nieto Carlos cumpliese veinte años.

Otra posible solución debió pasar por la cabeza de Isabel: ¿no sería mejor declarar definitivamente incapaz a Juana y que pasara la línea sucesoria a María, la siguiente hermana? Esta medida volvía a aportar la ventaja de reunir los reinos peninsulares, perdida cuando falleció el príncipe Miguel, pero a costa de granjearse un peligroso, y poderoso, enemigo al norte de Europa, más temible aún si se aliaba con Francia. Quizá Isabel no se atrevió a tanto, y prefirió que Dios marcara el rumbo de los acontecimientos.

Por desgracia, pocas de las previsiones y prescripciones de Isabel fueron cumplidas, y si algo se cumplió fue por imperativo de los eventos que se fueron sucediendo.

Cuando llegó a Flandes la noticia del fallecimiento de Isabel, Felipe lo celebró, como iba siendo habitual en estas trascendentales ocasiones, dejando nuevamente embarazada a su esposa. Por otra parte, demostró rápidamente que no estaba dispuesto a ser un simple comparsa de su esposa, y ya aprovechó los funerales que se celebraron en Bruselas en honor de la reina castellana para ser proclamado rey de Castilla y León, dejando para su mujer el papel de consorte que a él le correspondía. Además sometió a su esposa a una reclusión forzada, alejándola de todo contacto, sobre todo con emisarios de su padre Fernando, que pudiera comprometer las maniobras del borgoñón.

De inmediato comenzó a preparar el viaje de regreso a España, no dejando ningún cabo suelto; incluso dejó preparado testamento en el que, entre otras cuestiones, manifestaba que si moría en España, quería ser enterrado en... ¡Granada! Esta sorprendente decisión, aparentemente prematura e innecesaria, daría origen a unos sucesos que quedarían para siempre marcados en la historia de España y en su memoria colectiva.

Mientras tanto, Fernando el Católico no estaba de brazos cruzados: en enero de 1505 se reunieron las Cortes en Toro para dar lectura al testamento de Isabel. Muchos procuradores no acababan de comprender la ambigüedad del texto en lo que se refería a las circunstancias en las que Fernando ejercería como regente y el por qué de los matices sobre el reinado de Juana. El aragonés, mostrando nuevamente su capacidad como estadista, ya había preparado la respuesta, apoyándose además en informes procedentes de Flandes, facilitados desatinadamente por Felipe entre otras cosas con el propósito de responder a las acusaciones de que no estaba tratando a la ya reina de España como se merecía, y en los que se reconocía que Juana no estaba en sus cabales. Como se puede observar, la triste situación de Juana era que se interponía en los intereses de su padre y su marido, pero ambos la necesitaban para legalizar su regencia. Los informes fueron tan convincentes que las Cortes reconocieron por unanimidad el derecho de Fernando a

Retrato de Felipe «el Hermoso» de Juan de Flandes, óleo de 1496-1500 (Kunsthistorisches Museum).

ejercer la regencia de Castilla. En esta ocasión la partida que los dos astutos dirigentes estaban jugando se decantó del lado de Fernando. Pero no se había dicho la última palabra.

Felipe contaba con la ventaja de estar junto a su infeliz esposa y ser capaz de controlar todas sus acciones, visitas, correspondencia... En este período se produjo un desagradable incidente provocado por la asfixiante vigilancia a la que tenía sometida Felipe a su esposa; Fernando había enviado a Flandes a un emisario de su total confianza llamado López Conchillos para que explicara a la nueva reina la situación en que se encontraba la sucesión de Isabel. Juana escribió una carta a su padre en la que le pedía que no abandonara Castilla y que ella estaba dispuesta a apoyar su regencia. Esta carta fue entregada a Miguel Ferrera, aragonés al que se suponía fiel a Fernando, pero seguramente era más fiel a las monedas de oro, por lo que entregó la carta a Felipe. La reacción del borgoñón fue inmediata, aislando aún más a la desgraciada reina, encerrando a Conchillos en una mazmorra y sometiéndole a tortura, a causa de la cual perdió todo el pelo en una noche.

En un intento por contrarrestar el terreno perdido, la camarilla de Felipe planeó una burda maniobra, falsificando una carta en la que, supuestamente, Juana exponía al embajador de su marido en España, señor de Viere, las razones de su conducta, dando toda serie de explicaciones sin sentido, cuando Viere no era en absoluto persona en la que confiara especialmente. La carta, fechada el 3 de mayo de 1505, ni siquiera fue firmada por Juana, sino que su firma fue falsificada, lo que indica claramente a qué tipo de aislamiento la tenía sometida su cruel marido. Esta carta fue sacada a la luz por primera vez por Antonio Rodríguez Villa en su libro *La reina doña Juana la Loca*:

Sr. de Vere, hasta aquí no os he escrito porque ya sabéis de quan mala voluntad lo hago; mas pues allá me judgan que tengo falta de seso, razón es tornar en algo por mí, como quiera que yo no me debo maravillar que se me levanten falsos testimonios, pues que a nuestro señor gelos levantaron. Pero por ser cosa de tal calidad y maliciosamente dicha en tal tiempo, hablad con el Rey mi señor, mi padre, por parte mía, porque los que esto publican no sólo lo hazen contra mí mas también contra su alteza, porque no falta quien diga que le plaze dello a causa de gobernar nuestros Reynos, lo cual yo no creo, siendo su Alteza Rey tan grande y tan católico, e yo su hija tan obediente.

Bien sé quel Rey, mi señor, escribió allá por justificarse quexándose de mí en alguna manera, pero esto no debiera salir dentre padres e hijos, quanto más que si en algo yo usé de pasión y dexé de tener el estado que convenía a mi dignidad, notorio es que no fue otra cosa sino çelos; e no sólo se haya en mí esta pasión, mas la Reyna mi señora, a quien dé Dios gloria, que fue tan eçelente y escogida persona en el mundo, fue asimismo çelosa; mas el tiempo sanó a su alteza como plazerá a Dios que hará en mí. Yo vos ruego e mando que hablés allá a todas las personas que viedes que conviene, porque los que tovieren buena intinción se alegren de la verdad, y los que mal deseo tienen, sepan que sin duda cuando yo me sintiese tal qual ellos querrían, no había yo de quitar al Rey mi señor, mi marido, la governación desos Reynos y de todos los del mundo que fuesen míos, ni le dexaría de dar todos los poderes que yo pudiese, así por el amor que le tengo como por lo que conozco de su Alteza, y porque conformándome con la razón no podía dar la governación a otro de sus hijos y míos y de todas sus sucesiones sin hacer lo que no debo; y espero en Dios que muy presto seremos allá, donde me verán con mucho placer mis buenos súditos e servidores.

Las cosas parecían claramente favorables a Fernando, puesto que la falsificación fue evidente, pero había un componente fundamental que iba a entrar en juego y que a la postre sería decisivo: el apoyo de la nobleza. Ya ha sido dicho que los Reyes Católicos, en su afán unificador, habían sido en ocasiones extremadamente duros con algunos nobles poco inclinados a prescindir de sus privilegios, llegando a la destrucción de fortalezas y expropiación de posesiones; estos nobles vieron en Felipe una persona dúctil y manejable que podría devolverles pasadas prebendas. Felipe estaba acostumbrado a una poderosa nobleza con la que tenía que pactar y acordar más que gobernar, y eso era precisamente lo que anhelaba la vieja nobleza castellana. Entre estos nobles había dos especialmente peligrosos para los intereses de Fernando: el marqués de Villena y, por encima de aquel, don Juan Manuel, que además se había granjeado la confianza y el aprecio de don Felipe.

Mientras estas disputas se iban sucediendo, el 15 de septiembre de 1505 la reina dio a luz en Bruselas a su quinto hijo, tercera niña, María.

Fernando estaba dispuesto a jugar todas sus cartas y una muy importante era el Reino de Aragón. Por el momento él era el soberano indiscutible de Aragón y las posesiones en Italia, pero era cuestión de tiempo que dejara de existir y entonces su odioso yerno se apoderaría igualmente de su Reino más querido, el que había heredado de su padre. Sólo podía haber una solución: tener un hijo varón para que pasara por delante de Juana en los derechos sucesorios aragoneses. Si además conseguía el apoyo de un aliado poderoso ante una posible guerra por el control de Castilla, lo que no era en absoluto improbable, mejor que mejor. Obviamente, para tener un hijo necesitaba una mujer adecuada, así es que comenzó una frenética búsqueda. Una opción era Inglaterra, pero no parecía que este reino estuviera sobrado de candidatas; la otra opción, la más maquiavélica, era Francia, la tradicional enemiga. La propuesta debió sorprender al propio Luis XII, pero como otro gran estadista que era no sólo no la rechazó, sino que presentó gustosamente a Fernando todas las opciones posibles. Sin pretender extenderse demasiado en este asunto, la elegida fue la sobrina del rey francés, Germana de Foix. Como se suele decir, Luis XII tampoco daba puntadas sin hilo: si el nuevo matrimonio no tenía hijos, cosa no descartable dada la avanzada edad de Fernando, el Reino de Nápoles pasaría a manos francesas; si los tenían, los derechos de sucesión sobre el Reino de Aragón algún día podían hacer que este Reino se uniera a Francia; por otro lado se firmaba una paz honrosa que ahorraba vidas y recursos, máxime teniendo en cuenta que las tropas españolas contaban las acciones en Italia por victorias, y además se situaba en mejor posición para reivindicar, en su caso, los Países Bajos. El 12 de octubre de 1505 se firmó el tratado de Blois, en el que se recogían todos los aspectos expuestos.

La sorpresa de Felipe debió ser absoluta, puesto que él había sido el tradicional amigo de Francia, así es que decidió llegar a algún acuerdo con Fernando, aunque sólo fuera para tener tiempo a reaccionar. Así se llegó a la Concordia de Salamanca, según la cual Fernando, Felipe y Juana reinarían como triunvirato; esto permitiría a Felipe llegar a España sin que Fernando tomara decisiones unilaterales que pudieran perjudicarle. Una vez en España ya tendría tiempo de seguir maniobrando convenientemente.

En enero de 1506 Juana y Felipe embarcaron en dirección a España. En esta ocasión ni se planteó la posibilidad de atravesar Francia, pues las circunstancias habían cambiado en muy poco tiempo. Por otra parte, un viaje por mar podría traer un fructífero encuentro con la monarquía inglesa, a la que podrían dirigirse alegando simplemente que querían saludar a Catalina, la hermana de Juana, que en aquellos momentos era la viuda de Arturo y había sido prometida al nuevo Príncipe de Gales, Enrique, pero que aún era menor de edad.

Como era de prever en esas fechas, una tormenta durante la travesía recomendó buscar refugio en la costa inglesa, para posteriormente dirigirse a la corte de Enrique VII, donde fueron convenientemente agasajados. En sus entrevistas con Enrique VII, Felipe trató de contrarrestar el desequilibrio producido por el acercamiento entre Francia y Aragón y acordó la boda entre su hijo Carlos y la hija del rey inglés, María. Aún llegó más lejos prometiendo a su hermana Margarita con el propio Enrique VII quien, a pesar de su alta posición, no conseguía que ninguna mujer digna de ser reina de Inglaterra quisiera comprometerse con él. Enrique conoció en esta ocasión a Juana, pareciéndole una mujer muy bella y no tan loca como su marido quería que pareciera. Poco después los destinos de Enrique y Juana se cruzarían, aunque sólo fugazmente.

Tras los acuerdos alcanzados, Felipe procedió a su habitual celebración, engendrando a la que sería su hija póstuma Catalina. Por fin, el 22 de abril de 1506 dejaron las costas inglesas para dirigirse a España. Cuando Fernando recibió la noticia acudió a Laredo para esperar la llegada de la flota, pero Felipe, aconsejado por don Juan Manuel, señor de Belmonte y verdadero cerebro de los movimientos políticos del Habsburgo, desembarcó en La Coruña, para poder entrevistarse con la nobleza antes de la llegada de Fernando. La maniobra surtió efecto y Fernando fue consciente de que había perdido la partida y que su resistencia sólo supondría una cruenta guerra en la que pocas posibilidades tenía de salir victorioso. Trató aún de agotar una última posibilidad de entendimiento por mediación de Cisneros, al que entregó un poder para que negociara con Felipe:

El Rey

Como quiera que hoy, día de la data de la presente, Yo he dado e otorgado mi poder complido a vos, el muy reverendo in Christo Padre D. Francisco Jiménez, Arzobispo de Toledo, Primado de las Españas, Canciller Mayor de Castilla, para que por Mí y en mi nombre asentéis y firméis con el Sereníssimo Rey D. Felipe, mi muy caro e muy amado fijo, todo aquello que viéredes que convenga e sea menester para que él y yo estemos en muy verdadera y perpetua unión y concordia; y porque yo deseo que entrel y mí no haya, ni pueda haber causa ninguna de desconfianza, sino que todas las cosas estén entre nosotros tan asentadas y declaradas y concordadas que ninguna quede sin concordar de que pueda subceder discordia; y porque entre otras cosas dicen que el dicho Sereníssimo Rey mi fijo se recela que yo me juntaré con la Sereníssima Reina mi fija su muger para contra él o en su perjuicio; y porque mi voluntad no es de facer cosa contra él, ni en su perjuicio, sino trabajar que ellos estén en mucho amor, y paz y conformidad como es razón: por la presente digo que si el dicho Sereníssimo Rey mi fijo quisiere que en mi nombre prometáis e asentéis algunas cosas cerca de este artículo de la dicha Sereníssima Reina mi fija, yo remito a vos y a vuestra conciencia, para que en mi nombre asentéis e prometáis sobre ello todo aquello que según Dios y buena conciencia vos pareciere que por Mí y en mi nombre debéis asentar e prometer. Y por esta misma prometo e seguro en mi fe y palabra real, y juro a Dios nuestro Señor, y a la Cruz, y la los santos cuatro Evangelios por mis manos corporalmente tocados, que Yo guardaré y cumpliré real y verdaderamente todo lo que vos el dicho muy Reverendo Arzobispo cerca de lo susodicho por Mí y en mi nombre prometiéredes y asentáredes como si Yo en persona lo prometiese y asentase y firmase. En testimonio de lo cual mandé facer la presente, y la firmé de mi mano, y la mandé sellar con el sello de mi cámara. Fecha en Villafranca de Valcárcel, a dos días del mes de junio de mil quinientos y seis años.

Pese a todo, el primer encuentro entre Felipe y Fernando, celebrado el 23 de junio en Remesal (Zamora), mostró la diferencia de apoyos que ambos tenían y quedó gráfica y magistralmente reflejado en un cuadro pintado por Jacobo van Laethem que se conserva en el castillo de la Follie, Eucaussines (Bélgica); Felipe iba acompañado de lanceros alemanes y de caballeros castellanos, seguidos de arqueros y caballería ligera; una formidable fuerza dispuesta para el combate. Frente a ellos apareció Fernando con apenas doscientos hombres sin armadura, montados sobre mulas y con espadas como únicas armas. El rey aragonés quería evitar a toda costa cualquier acción que pudiera considerarse provocativa y que pudiera desembocar en una terrible guerra civil. Fernando fue saludando a todos los nobles, incluidos aquellos que habían cambiado de bando cuando se dieron cuenta de qué lado estaban desniveladas las fuerzas. Aprovechó la situación para dar paternales consejos a Felipe, y parece que al menos hubo uno que aceptó: mantener a su lado al arzobispo Cisneros como consejero y buen conocedor de Castilla y sus gentes.

El 27 de junio Fernando firmó en Villafáfila un acuerdo por el que se retiraba de Castilla, manteniendo su condición de maestre de las Órdenes Militares de Santiago, Alcántara y Calatrava, una renta de diez millones de maravedíes y la mitad de las riquezas de las Indias.

Antes de partir definitivamente, Fernando hizo un tímido intento de rechazar el acuerdo firmado alegando que se había visto obligado a firmarlo, pero viendo que no conseguía los apoyos suficientes decidió resignarse y retirarse a sus Reinos de Aragón y Nápoles.

Libre de su rival más directo, a Felipe sólo le faltaba convencer a las Cortes castellanas de que Juana estaba incapacitada para gobernar. Los castellanos, dando muestras de sentido común, pidieron entrevistarse con la reina antes de tomar tamaña decisión. El almirante de Castilla, don Fadrique Enríquez, mantuvo durante dos días entrevistas con la reina, al final de las cuales declaró que no encontraba motivos para declarar la incapacidad de Juana. Por un momento parecía que la reina tomaba el control de la situación, declarando que quería ser jurada reina por las Cortes por delante de su marido. A continuación, los procuradores preguntaron si estaba dispuesta a gobernar, contestando con grandes muestras de cordura, quizá demasiadas para lo que requería el momento, con una respuesta contundente pero no muy fácil de interpretar: no quería que el Reino fuera regido por extranjeros, pero en los Países Bajos tampoco era costumbre que una mujer gobernara sobre su marido; por eso ella hubiera preferido que el regente fuera su padre. Probablemente los procuradores tratarían de entender durante mucho tiempo qué había querido decir Juana en su respuesta y si aceptaba o no ser reina de Castilla.

El 12 de julio de 1506 las Cortes, reunidas en Valladolid, juraron a doña Juana como reina de Castilla, a don Felipe, como su legítimo marido, rey de Castilla, y a don Carlos, hijo de ambos, como príncipe heredero.

V. EL TRISTE CORTEJO

Poco después del juramento, Felipe decidió trasladar la corte a Burgos. Juana estaba viviendo unos tensos momentos porque a la partida de su padre, sin ni siquiera despedirse, se unía la sospecha de que su marido pretendía encerrarla. En cambio su marido se encontraba exultante y don Juan Manuel organizó en la capital burgalesa unos festejos, a los que era muy aficionado Felipe, aplicándose a ellos con más interés que a los asuntos de Estado. Parece ser que durante un intenso partido de frontón tras una partida de caza, el rey bebió agua demasiado fría y se produjo un corte de digestión que en definitiva resultaría fatal, a pesar de todos los esfuerzos médicos y los cuidados que le dedicó su esposa, que no se separó ni un instante de su lecho. El 25 de septiembre de 1506, tras apenas dos meses y medio de reinado, falleció Felipe I. Aunque se especuló con la posibilidad de que hubiera muerto envenenado por orden de Fernando, no pasó de ser un rumor sin demasiados fundamentos.

El destino le dio a Juana una nueva oportunidad de ser dueña de sí misma; sólo tenía veintiséis años y aún midiendo por los parámetros de la época, le podían quedar fácilmente treinta años de vida. Toda una vida que podría reconducir a su gusto como soberana absoluta de Castilla. El arzobispo de Toledo, Francisco Jiménez de Cisneros le instó a que designara un consejo de regencia. Cisneros, viendo las dudas de la reina y sin el conocimiento de ésta, escribió a Fernando el Católico para que regresara de Italia. Pero quizá no se deba reprochar al franciscano la libertad que se tomó, puesto que la joven viuda parecía desentenderse de los asuntos mundanos, preocupándole exclusivamente la voluntad expresada por Felipe en su testamento apenas un año antes: ser enterrado en Granada.

Juana odiaba tener que tomar decisiones. Quizá habían sido demasiados años haciendo todo lo que le decían. Prefería no decidir que decidir mal; temía equivocarse, pero esto era incompatible con el ejercicio de la autoridad. Nuevamente quedaba demostrado que no estaba en condiciones de hacer efectivo su reinado.

A partir de la muerte de su marido comenzó el período que más trascendió a la memoria popular y que convenció a todos de los problemas mentales de la reina. Con más romanticismo que rigor se ha tratado de presentar todo lo que aconteció hasta la reclusión de Juana en Tordesillas en 1509 como producto del profundo amor por Felipe, pero la realidad fue un cúmulo de despropósitos provocados por su penoso estado mental, a cuyo agravamiento, sin duda, ayudó el fallecimiento de su marido, pero no fue su causa.

Volviendo al momento del fallecimiento, la organización de todos los actos corrió a cargo de sus sirvientes borgoñones. El velatorio se hizo con el cuerpo del rey sentado en un trono, como si estuviera vivo. Al día siguiente se procedió al embalsamado, costumbre también ajena a los castellanos, que incluso sentían cierto asco ante estas extrañas manipulaciones, puesto que implicaban operaciones que a sus ojos eran más propias de matarifes que de médicos, ya que el cadáver era vaciado de todas sus vísceras, rellenando los espacios libres con conservantes y perfumes. El corazón fue recogido en un recipiente metálico y preparado para ser enviado a Flandes. Posiblemente, si Felipe hubiera sido enterrado según las costumbres castellanas el tormento de Juana hubiera sido algo menor, puesto que a los pocos días del fallecimiento el hedor y descomposición de los restos hubiera imposibilitado cualquier acercamiento afectivo y todo intento de mantener abierto el ataúd, sacando a la pobre reina de su éxtasis. Le hubiera ocurrido como a San Francisco de Borja cuando tuvo que reconocer el cuerpo de la bellísima emperatriz Isabel, esposa de Carlos I; el gravísimo deterioro que la muerte había producido en aquel hermoso cuerpo hizo exclamar a San Francisco que nunca más serviría a señor que pudiera morir. Curiosamente pasó algún tiempo al servicio de Juana, cuando la muerte se acercaba irremediablemente.

En este período inmediatamente después del fallecimiento de Felipe, según Pedro Mártir de Anglería, la reina conoció a un extraño fraile cartujo que aseguraba que Felipe podía resucitar, porque él conocía un caso semejante en que así había sucedido; fuera locura o ánimo de beneficiarse de los desvaríos de Juana, lo único que consiguió este personaje fue desequilibrar aún más la frágil mente de la soberana.

Juana decidió inicialmente que los restos mortales se trasladaran a la Cartuja de Miraflores, donde estaban enterrados los padres y el hermano de Isabel la Católica. Las visitas de Juana a la Cartuja eran continuas, lo que entra dentro de la lógica en una joven viuda destrozada por el dolor, pero en el mes de noviembre, la reina ordenó que se abriera el ataúd porque quería comprobar que su marido seguía allí. La apertura no era tarea fácil, puesto que, además del ataúd de madera, dentro de él había otro de plomo para mantener perfectamente aislado el cuerpo. Una vez abierto, la reina palpó el cadáver para convencerse de que no había sido robado. Cuando parecía que el desconsuelo de Juana se estabilizaba, en el mes de diciembre tomó la determinación de cumplir con el deseo de Felipe de ser enterrado en Granada, organizando un cortejo fúnebre que sería encabezado por ella misma. La oposición de los cartujos fue rotunda, porque las costumbres castellanas, pensadas fundamentalmente para evitar la propagación de enfermedades infecciosas, impedían el traslado de cadáveres hasta que no hubieran pasado varios meses; pero la reina no aceptó ningún razonamiento. Antes de partir ordenó que todos los embajadores y obispos presentes reconocieran el cadáver, cosa al parecer harto difícil, pues tenía la cabeza cubierta por vendas impregnadas en los productos conservantes que le habían sido aplicados, impidiendo un reconocimiento efectivo, pudiendo haber pertenecido el cuerpo a cualquier otra persona. Por supuesto, nadie osó poner en duda que aquel cadáver pertenecía a Felipe «el Hermoso».

La noche del 20 de diciembre partió la comitiva al mando de esta pobre mujer que, por otra parte, estaba embarazada de ocho meses. ¿No hubiera sido más cuerdo esperar en Burgos a que Juana diera a luz? Precisamente, el problema seguía siendo de cordura.

Todos los movimientos se realizaron durante las noches, lo que debió ser un espectáculo absolutamente tenebroso. Esta costumbre de desplazarse de noche acompañaría a Juana hasta su última residencia. Cuando alguien le preguntaba o intentaba hacerle cambiar de idea contestaba siempre lo mismo: *No le sienta bien a una viuda andar por los caminos a la luz del día, pues la gente no ha de verla. Una mujer honesta, después de haber perdido a su marido, que es su sol, debe huir de la luz del día.* A veces se ha tratado de justificar los desplazamientos nocturnos de la reina por el calor diurno castellano; es posible que esto fuera así en los meses de verano, pero desde luego las noches castellanas de diciembre no son las más adecuadas para paseos a la luz de la luna.

Como era previsible, a los cuatro días de haber salido de Burgos fue necesario detenerse porque la embarazada no podía seguir. Seguramente la salida de Burgos fue absolutamente premeditada con la intención de sustraerse a presiones exteriores, pero finalmente tuvo que permanecer varios meses en Torquemada, a caballo entre Burgos y Palencia y lo suficientemente cerca de esta ciudad como para haber llegado a ella sin problemas; pero Juana buscaba también el aislamiento, el alejamiento de los centros de poder que tanto la inquietaban. El 14 de enero de 1507 nació su última hija, póstuma de Felipe, la que más tiempo permanecería con ella y que llegaría a ser reina de Portugal. Le puso el nombre de Catalina, en recuerdo de su hermana y de que la niña había sido engendrada en Inglaterra. Estos momentos fueron de extrema preocupación para Cisneros, puesto que si Juana hubiera fallecido durante el parto se habría abierto un nuevo conflicto por la sucesión, en el que habría entrado con fuerza el emperador Maximiliano como tutor del niño Carlos, hijo de Juana y legítimo heredero de la Corona. Afortunadamente Juana era una mujer muy fuerte y resistió este parto, aunque no se había producido en las mejores condiciones.

A pesar de que Juana rehuía el poder en aquellos momentos, el poder le seguía a ella, puesto que no había nadie para disputarle su ejercicio. Por suerte, el cardenal Cisneros, entonces todavía arzobispo de Toledo, hombre sensato y amante de Castilla había tomado las riendas casi por obligación. Este religioso decidió reunir a los personajes más notables, como, entre otros, Fadrique Enríquez (almirante de Castilla), Bernardino de Velasco (condestable de Castilla), Pedro Manrique (duque de Nájera), Diego Pacheco (marqués de Villena) y el propio don Juan Manuel, para tratar de dar continuidad y evitar el vacío de poder que hubiera originado sin duda tensiones disgregadoras, como ya estaba empezando a suceder con el conde de Lemos en Galicia y el duque de Medina-Sidonia en Andalucía. Cisneros propuso la vuelta inmediata de Fernando, pero fue tal la oposición que finalmente tuvo que aceptar ser él mismo el regente de Castilla, teniendo como consejeros al duque de Nájera y al condestable de Castilla. Cisneros trataba de despachar los asuntos más importantes con la reina, intentando incluso forzarla a tomar decisiones, pero las reacciones de Juana eran desabridas y cortantes: *¿Con qué derecho os mezcláis en mis asuntos?*, le espetó en una ocasión. Para estar cerca de la reina, el grupo de notables se trasladó a Torquemada, aunque este pequeño pueblo tenía graves problemas para acoger tanto personaje ilustre.

Aunque se pueda pensar, desde una perspectiva actual, que para un pequeño pueblo como éste, o posteriormente otros que fueron acogiendo a la reina y su séquito, la llegada de un soberano y su corte sería muy beneficioso, la realidad no era tan apetecible, sino que más bien suponía una carga difícil de soportar, ya que los lugareños se veían obligados a dar alojamiento a todo el personal desplazado sin recibir grandes compensaciones. Por ello eran muy normales los pleitos posteriores reclamando, al menos, los daños y perjuicios producidos por estas «ocupaciones».

Prueba de estos daños fue que, durante todo el tiempo que permaneció el cortejo fúnebre en Torquemada, cuatro meses, el cuerpo de Felipe fue velado continuamente en la iglesia de Santa Eulalia, encendiéndose en su interior antorchas durante toda las noches, lo que dio origen a una humareda continua. A parte del insano ambiente que tenían que respirar todos los asistentes a las ceremonias, las paredes perdieron su color blanco. Para reparar los daños ocasionados en la iglesia, Fernando «el Católico» concedió en 1509 doce mil maravedíes.

Juana debió alcanzar un período de sosiego, al que sin duda contribuyó su hija Catalina, puesto que se negó a continuar su recorrido hacia Granada; incluso cuando se aconsejó que debía dejarse la población a causa de una epidemia de la temible peste, se resistió a ello. Repentinamente, bien porque se convenciera finalmente de la necesidad del traslado o por otras razones desconocidas, la reina decidió continuar su peregrinaje, llegando a un pequeño pueblo llamado Hornillos de Cerrato, a unos diez kilómetros de Torquemada.

Analizándolos sobre un mapa, estos últimos movimientos son difíciles de entender. Se puede comprender que Juana huyera de ciudades como Burgos o Palencia, pero a unos escasos cinco kilómetros de Hornillos se encuentra un pueblo llamado Baltanás, que en aquella época era cabeza de la merindad de Cerrato y por lo tanto mucho más importante que Hornillos, que sólo contaba con una edificación con características adecuadas, que fue lógicamente ocupada por la reina. El resto eran auténticas cabañas, prefiriendo la corte y otros acompañantes alojarse en tiendas de campaña, lo que da una idea de las condiciones de las viviendas. Precisamente Baltanás y Palencia fueron elegidos como lugar de residencia de algunos nobles, que en escaso tiempo se desplazaban a caballo de un lugar a otro. Por otro lado, un desplazamiento de tan sólo diez kilómetros no aseguraba haberse alejado lo suficiente del foco infeccioso. Todo indica que los traslados no tenían ninguna explicación ni fundamento y se realizaban a impulsos de la reina.

Se ha situado cronológicamente y espacialmente en este traslado entre Torquemada y Hornillos una de las historias que más ha trascendido sobre los tristes desplazamientos de doña Juana con los restos de su marido, pero haciendo el mismo estudio sobre el mapa parece que no sea éste el lugar, o que los desatinos de la reina eran superlativos, puesto que supondría que la distancia recorrida habría sido de uno o dos kilómetros. Según parece, la comitiva inició su traslado hacia Hornillos al anochecer; al poco de atravesar el puente sobre el río Pisuerga, es decir, a las afueras de Torquemada, se encontraba el convento de Santa María de Escobar, donde la reina tuvo inicialmente la intención de acogerse hasta que supo que era un convento de monjas; los celos que Juana, en su perturbación mental, seguía teniendo ante la presencia femenina le hicieron alejarse del convento y detenerse en campo abierto, donde ordenó abrir el ataúd para contemplarlo y que todos los nobles que la acompañaban atestiguaran que allí seguía su marido. Esta estampa fue magistralmente pintada por el realismo de Francisco Pradilla a finales del siglo XIX, recreando al fondo el convento rechazado, la mirada perdida de la reina, el gesto de impaciencia de los nobles... Inmediatamente después, la reina ordenó continuar el movimiento, llegando a Hornillos al amanecer del día 21 de abril, donde permanecería la comitiva casi otros cuatro meses.

Las limitaciones del nuevo alojamiento afectaron también al velatorio de Felipe, puesto que la iglesia del poblado, en honor a San Miguel, era acorde con el resto, teniendo unas dimensiones tan reducidas que estuvo a punto de desaparecer por el fuego provocado por las antorchas, que prendieron en la cubierta. Las reclamaciones de vecinos y propietarios de Hornillos fueron muy numerosas, tantas que el propio Cisneros tuvo que tomar cartas en el asunto para evitar que algún aprovechado se excediera en sus quejas; entre las reclamaciones, el párroco de la iglesia incluía una cuando menos curiosa: dos mil maravedíes para compensar las ofrendas que se habían dejado de recibir desde que la reina ordenara que ninguna mujer entrara en la iglesia.

Durante la estancia en Hornillos, concretamente el 3 de junio de 1507, se unió a la corte otro importante personaje que hasta entonces había vivido alejado de Juana: su hijo Fernando. Desde su nacimiento, el niño había permanecido bajo la custodia de los Reyes Católicos; cuando Felipe y Juana regresaron a España, su hijo no fue a vivir con ellos, sino que permaneció en Simancas, a cargo de don Pedro Núñez de Guzmán. Cuando murió Felipe los nobles que le habían apoyado, ante el temor del regreso de Fernando «el Católico», conspiraron para apoderarse del niño y tener una baza a su favor, pero el preceptor del infante solicitó refuerzos a Valladolid, que sólo está a diez kilómetros, consiguiendo abortar el peligro. Parece ser que fue la propia reina quien promovió la llegada de su hijo, lo que no es de extrañar; si acaso hay algo que resulte extraño es que pasara más de un año desde que Juana llegó con su marido a España hasta que se decidió a reclamar la presencia de su joven vástago. No será la última vez que aparezca Fernando en estas páginas.

Mientras tanto, ¿qué hacía el otro Fernando, «el Católico»? Después de haber firmado el acuerdo de Villafáfila se retiró a su reino aragonés, y de ahí a Nápoles, lugar que le atraía especialmente y donde encontraba la paz que le faltaba en otros lugares, más aún desde que, por su boda con Germana de Foix, estaba disfrutando de la alianza con el rey francés. Allí fue donde recibió la noticia de la muerte de su yerno. Otra persona más ambiciosa y menos experta hubiera corrido a reclamar la regencia, más aún al verse legitimado por el llamamiento que le hizo el arzobispo Cisneros, pero Fernando prefirió hacerse de rogar; respondió con serenidad a Cisneros, recomendándole que se hiciera cargo de la situación hasta su regreso, que se produciría cuando sus obligaciones en Nápoles se lo permitieran. Los nobles que rodeaban a Juana intentaron que ésta enviara una carta pidiendo a su padre el regreso a Castilla, pero la reina no quiso escribirla; la razón que expuso sonaría a excusa en una mente equilibrada: una hija no podía reclamar que un padre abandonara sus propios asuntos para solucionar los de ella. Lo que sí hizo Fernando fue enviar cartas a los nobles castellanos para tranquilizarles sobre su posible regreso; del mismo modo dirigió cartas a todas las ciudades castellanas, expresando su ideario dirigido a proteger el Reino y mantenerlo unido y en paz; todo ello sin duda ayudó para que su regreso fuera menos traumático e incluso esperado y deseado por la mayoría.

En julio de 1507 Fernando regresó a la Península, desembarcando en Valencia. Desde allí inició viaje hacia Castilla, no sin antes dejar en la capital valenciana a Germana, puesto que esta boda no había sido del agrado de Juana ni de gran parte de la nobleza castellana, que seguía recordando a la gran reina Isabel, y el viejo rey no quería que en el primer encuentro hubiera elementos perturbadores.

Cuando Juana tuvo conocimiento de que su padre se dirigía a su encuentro, decidió aproximarse hacia Aragón, por supuesto con el ataúd de su marido y todo su séquito. El lugar elegido para el encuentro fue Tórtoles de Esgueva, a unos treinta kilómetros de Hornillos en dirección sureste. El esperado encuentro se produjo el 29 de agosto de 1507. Nuevamente se tienen crónicas que, contando lo mismo, hacen hincapié en diferentes matices. Algunos cronistas narran el encuentro como de gran emotividad, destacando la relación paterno-filial, pero sin olvidar que también era el encuentro entre una reina y su súbdito: cuando la reina supo de la llegada de su padre, acudió corriendo reclinándose ante él, mientras que el rey se agachó para abrazarla, permaneciendo algún tiempo abrazados en este emocionante encuentro. En cambio, Pedro Mártir de Anglería muestra un encuentro diferente, quizá también más ajustado a la realidad, con una reacción más fría y distante por parte de Juana, sin acabar de salir de su ensimismamiento y desde luego sin dar grandes muestras de cariño hacia su padre.

Fernando comenzó a tomar las riendas de la situación nada más finalizar su primera entrevista a solas con la reina. Juana mantenía su escaso interés hacia las cuestiones mundanas, no deseando tomar ni siquiera la decisión de dónde establecer la corte, pidiendo a su padre que fuera él quien eligiera el lugar. Quizá en esta ocasión Fernando no estuvo acertado, pues pretendió regresar a Burgos, lugar que sin duda haría revivir próximos fantasmas en la oscurecida mente de su hija. En las proximidades de Tórtoles había otras ciudades, incluso más cercanas, como Palencia, o la misma Valladolid. Seguramente la intención de Fernando era tomar cuanto antes el control de la situación y el único obstáculo que parecía serio era don Juan Manuel, el que había aconsejado a Felipe en su dura pugna contra su suegro, y que todavía permanecía en Burgos.

Aunque Juana se negó desde el primer momento a entrar en Burgos, al menos consintió en aproximarse a esta ciudad. Por medio de los habituales desplazamientos nocturnos, el cortejo se trasladó a Santa María del Campo, población situada a algo más de treinta y cinco kilómetros al sur de Burgos. Nuevamente se ocupó la iglesia parroquial del pueblo para seguir con los velatorios y los oficios religiosos dedicados a Felipe, lo que invalidaba el templo para otro tipo de actos. Tan rigurosa era la reina en exigir esta incompatibilidad que, cuando el arzobispo Cisneros fue nombrado cardenal por el papa Julio II, quiso que la ceremonia de imposición del capelo cardenalicio fuera en la iglesia donde se velaba a Felipe; la negativa de Juana fue frontal, y hubo que trasladar los actos a una pequeña población próxima de evidentes reminiscencias mozárabes: Mahamud.

En octubre de 1507 Fernando consiguió convencer a su hija para que, al menos, se aproximara más a Burgos, puesto que treinta y cinco kilómetros en aquellos tiempos suponía un día de marcha.

La reina aceptó trasladarse a Arcos, también al sur de Burgos, pero a sólo diez kilómetros de la capital. A finales de mes, Juana y sus acompañantes ya se encontraban instalados en Arcos. Al menos la reina parecía haber olvidado su intención de cumplir el testamento de su marido. Fernando decidió establecerse directamente en Burgos, aunque entonces las visitas a su hija eran muy frecuentes, seguramente porque aún no encontraba consolidada su autoridad y necesitaba que, aunque sólo fuera en apariencia, las decisiones fueran respaldadas por el consentimiento, o al menos por el silencio, de la reina titular.

A lo largo de 1507 y 1508 el rey Enrique VII de Inglaterra, con la interesada mediación de Catalina, hermana de Juana y viuda del príncipe Arturo, trató de conseguir que Juana aceptara el matrimonio con él. Como ya se expuso, tuvieron ocasión de conocerse en el viaje que Felipe y Juana hicieron en 1505 para hacerse cargo de la Corona de Castilla. La belleza de Juana había impresionado a Enrique; además, no la había encontrado tan loca como decían, y por último, la joven había demostrado una capacidad de procreación excelente en cantidad y calidad, puesto que había tenido seis hijos sanos, algo muy raro entonces. Pero si Juana había impresionado gratamente a Enrique, el efecto inverso no se había producido y cualquier comparación entre el rey inglés y Felipe «el Hermoso» era imposible. La otra persona que tampoco debió recibir la propuesta con grandes alegrías era Fernando; aunque sopesó las ventajas de alejar a su hija hasta las Islas Británicas también pensó que podía ocurrir a la inversa, y ya había tenido suficiente con un yerno ambicioso como para tentar a la suerte una segunda vez; por supuesto que su correspondencia con Enrique fue de lo más afectuosa, declarando la alegría que le producía la posibilidad de estrechar lazos con la Corona inglesa. El interés se fue apagando poco a poco y la muerte de Enrique VII el 21 de abril de 1509 zanjó definitivamente el asunto.

Durante todo 1508 Fernando se dedicó en cuerpo y alma a sus labores de monarca, entre las que se deben de incluir los intentos de engendrar un hijo con su joven esposa. Lo que inicialmente se había planeado como un arma contra los intereses de Felipe «el Hermoso», ahora aparecía como una defensa contra su padre Maximiliano, que estaba iniciando movimientos reivindicativos a favor de su nieto Carlos. Por otro lado, si Fernando no conseguía descendencia, el Reino de Nápoles podría quedar bajo dominio francés, lo que al aragonés dolía profundamente. Estos intentos tuvieron sus frutos, y en agosto de 1508 Germana quedó encinta. En lo que se refiere a los aspectos políticos, viendo su posición más consolidada, Fernando se dirigió al sur para contrarrestar las acciones del marqués de Priego, que se había sublevado contra la autoridad real.

Para esta primera larga separación de su hija, Fernando se hizo acompañar de su nieto y tocayo. Conviene recordar que el niño Fernando había nacido en 1503, luego tenía cinco años. En este interés de Fernando por llevarse a su nieto se ha querido ver una forma de rapto o de cubrirse las espaldas ante posibles intentos de la nobleza descontenta por hacerse con el poder a través de su hija y, en segundo término, por medio de su nieto; quizá ésta sea una opinión demasiado rebuscada, pareciendo más lógica otra: la corte que rodeaba a Juana, y la propia Juana, no conformaba el ambiente más adecuado que debía educar a un infante que tenía grandes posibilidades de ocupar puestos de gran responsabilidad, por lo que no deja de ser lógica y acertada la decisión del regente. En lo sucesivo, los dos Fernandos sólo se separarían por la muerte del rey de Aragón. ¿Qué supuso para Juana la separación de su hijo? En este punto las opiniones también son dispares; para algunos la separación produjo gran dolor a la reina; para otros no reflejó ninguna emoción. Lo más probable es que su nublada mente no fuera demasiado consciente de lo que ocurría, teniendo en cuenta que el niño había permanecido con su madre apenas seis meses y que muy posiblemente el chiquillo la vería con más miedo que afecto, dados sus largos períodos de recogimiento y sus brotes de cólera imprevisibles. Lo cierto es que el niño ya no se separaría de su abuelo materno hasta que éste muriera. Esta relación con el viejo rey le fue muy útil, puesto que Fernando «el Católico» fue una de las mentes más claras de la época y un auténtico líder, y el pequeño Fernando se estaba preparando para jugar papeles importantes dentro del concierto europeo.

VI. ÚLTIMO DESTINO: TORDESILLAS

En el tiempo que Fernando estuvo en Andalucía el deterioro físico y psicológico de Juana fue en aumento. Comenzó a descuidar su higiene y aspecto físico; perdió todo orden y horario; muy descriptiva resulta la carta que el obispo de Málaga, que acompañaba a la reina, dirigió a su padre en el mes de octubre de 1508:

> *(...) su poca limpieza en cara y diz que en lo demás es muy grande. Come estando los platos en el suelo sin ningún mantel ni bajalezas. Muchos días queda sin misa, porque al tiempo que la ha de oyr ocúpase de almorçar (...)*

Aunque pudiera parecer que esta carta fuera decisiva para el cambio de residencia de la reina, Fernando ya había tomado esta decisión antes de partir hacia Andalucía. Buscó un lugar más centrado en la Península, con un clima más benigno, tranquilo, bien comunicado y protegido, con instalaciones adecuadas para una larga estancia y además no muy alejado de los centros de poder, pues Juana seguía siendo la reina legítima. Un lugar que reunía todas estas características, como probablemente otras muchas villas castellanas, era Tordesillas, a menos de treinta kilómetros de Valladolid, que además estaba a unos ciento cincuenta kilómetros de Arcos, con lo que el traslado se podía hacer en apenas una semana. El traslado se había previsto durante el verano de 1508, época del año más lógica para moverse por los caminos de tierra, sin que se vieran afectados por las típicas lluvias y heladas del duro invierno castellano. Parte de los enseres comenzaron a trasladarse en julio. Pensando que todo estaba encarrilado, Fernando se trasladó a Córdoba, como tenía previsto. Fue allí donde le llegaron noticias de que su hija se negaba a dejar Arcos. En una nueva demostración de su buen hacer, Fernando accedió a esperar a su regreso, pero la decisión del traslado estaba tomada. En febrero de 1509 Fernando volvió de Andalucía y el 24 de marzo ya se encontraba la reina en Tordesillas.

Parece conveniente hacer una pequeña introducción sobre este precioso pueblo castellano. Aunque hay teorías sobre su fundación en época romana, parece más ajustado a la realidad que su origen como pueblo es medieval, aunque seguramente hubo habitantes anteriores que aprovecharon la empinada rivera del río para perforar cuevas que servían de refugio. Se conserva una torre de las antiguas murallas que se denomina Torre de Sila, queriendo ver algunos en este nombre la etimología de Tordesillas, pero ya se reconoce como más probable que proviene de Otero de las Cillas, es decir, Otero de las cuevas, que hasta hace relativamente poco tiempo aún podían verse habitadas en la ladera que cae sobre el Duero. En todo caso, cuando el pueblo comenzó a adquirir importancia fue a raíz de la batalla de Salado, en 1340, cuando Alfonso XI derrotó a los musulmanes y decidió construir un palacio en Tordesillas. El palacio fue cedido por Pedro I «el Cruel» para que sus hijas fundaran un monasterio, el que actualmente existe y es conocido como monasterio de Santa Clara, auténtica joya mudéjar. Tordesillas se quedó sin palacio real, pero Enrique III decidió la construcción de otro, anexo a la iglesia de San Antolín, más funcional, pero de mucha menos calidad estructural y artística.

Antes de entrar en detallar cómo era el palacio, es interesante un repaso global de la población en el momento de llegar Juana. Si alguien se acerca a visitar Tordesillas, lo cual es muy recomendable, lo puede hacer por uno de los seis accesos naturales que han hecho, sin duda, que el lugar sea especialmente apreciado como encrucijada de caminos. Comenzando por el norte y siguiendo el sentido de las agujas del reloj, está la entrada procedente de Medina

64

de Rioseco y Torrelobatón; a continuación, el acceso desde Valladolid, seguido por el de Madrid (actual Nacional VI), que es sin duda la que ofrece mejores panorámicas; después, la carretera de Salamanca (también con interesantes vistas); a continuación la carretera de Zamora; para finalizar con la carretera de Galicia (continuación de la Nacional VI). Todos ellos existían hace quinientos años, aunque la entrada desde Valladolid se hacía pasando por Geria. Las autovías que circunvalan la villa han proporcionado tranquilidad a sus habitantes, pero el viajero que quiera admirar el paisaje de hace quinientos años deberá desviarse por uno de los viejos accesos para contemplar toda la belleza del entorno.

Prueba de que la mejor perspectiva se ofrece desde la carretera de Madrid es que Felipe II ordenó al pintor Anton van den Wyngaerde la realización de una panorámica de la villa, eligiendo el artista hacer el dibujo desde esta zona sur del río Duero. A pesar del tiempo transcurrido, el dibujo es perfectamente identificable en la actualidad. Se aprecia claramente en primer término el río Duero y el puente medieval que lo atraviesa y que hoy continúa soportando el paso de vehículos que nunca hubieran imaginado sus ingenieros y que aportaba uno de los argumentos para el valor estratégico del pueblo. En el centro del puente se aprecia un castillete, hoy desaparecido, que seguramente tenía funciones defensivas y fiscales. Al finalizar el puente aparece la iglesia de San Antolín, sin la torre de ladrillo que se añadiría en el siglo XVII; el pintor, posiblemente para mejorar la estética, desplazó en su dibujo el puente para que la entrada desde éste hacia la villa coincidiera con la calle que limita con la iglesia, lo que es evidente que no ocurre en realidad. Se echa en falta a la izquierda de la iglesia las denominadas Casas del Tratado, donde se asegura que en 1494 se preparó el famoso Tratado de Tordesillas, según el cual se hacía el reparto entre España y Portugal de las nuevas tierras descubiertas en las Indias. En todo caso es extraño que un edificio tan emblemático no se viera reflejado en el dibujo, por lo que crea dudas sobre si realmente fue allí donde se reunieron los delegados portugueses y españoles. Tampoco es demasiado correcto el dibujo de la cubierta de San Antolín, pareciendo tejado a dos aguas, cuando realmente tiene una terraza plana. ¿Es posible que existiera ese tejado y que en épocas posteriores se retirara? Tampoco se aprecia la preciosa torre cilíndrica por donde discurre una escalera de caracol que conduce a la cubierta, abriéndose en su último tramo un pequeño balconcito desde donde, según la imposible leyenda infantil que todo tordesillano ha oído y que se ha transmitido hasta nuestros días, se tiró Juana. Siguiendo la línea de San Antolín hacia la derecha, destaca un edifico de doble cuerpo que debió ser el palacio real, que coincide además con la descripción de su situación, junto a San Antolín. Tras una zona sin edificios de importancia se llega al magnífico convento de Santa Clara, luego separado más de cien metros del palacio, lo que echa por tierra la teoría de que la reina podía ver desde la ventana de su habitación el ataúd de su esposo, depositado en el monasterio. El resto de la población tenía las típicas construcciones de piedra y adobe, primando uno u otro material según las posibilidades de los propietarios. Entre las casas señoriales se podía destacar el aún existente, aunque ruinoso, palacio de los Alderete, en las proximidades de la calle San Antolín, por detrás del palacio real. En segundo plano, también por detrás del palacio real, destaca la torre de la iglesia de Santa María, la más importante y elevada de la población, y algo más al este, la de San Pedro, de menor altura y porte. Tordesillas contaba con otros edificios religiosos, como era la iglesia de Santiago, que permaneció en pie hasta hace poco más de treinta años y cuyas ruinas aún se pueden visitar.

Centrándonos en el edificio del palacio real, ya se ha expuesto que estaba separado de la iglesia de San Antolín por la calle de este nombre, y además estaba unido a la iglesia por un paso elevado por encima de la calle, que permitía a la familia real asistir a los oficios religiosos sin tener que abandonar el palacio. El lugar fue utilizado en varias ocasiones por los Reyes Católicos. Allí esperó Isabel el resultado de la batalla de Toro y Fernando redactó su primer testamento, por si perdía la vida en la batalla cuyo resultado aparecía incierto, en el que declaraba heredera a su entonces única hija, Isabel. Fernando volvió allí con su nueva mujer, Germana de Foix, en su viaje de regreso a Aragón tras perder el pulso por el poder contra su desgraciado yerno. Incluso Felipe y Juana pasaron allí la noche del 14 de marzo de 1502, cuando iban a ser reconocidos reyes de Castilla. Pero este palacio, a partir de 1509, quedaría asociado para siempre a Juana I.

Se sabe ciertamente que el palacio fue derruido en 1773, cuando ya tenía un deterioro que hacía difícil su rehabilitación. Se intentó en varias ocasiones recuperar el edificio, gastando incluso importantes cantidades de dinero, pero la calidad de la construcción no era buena y después del fallecimiento de la reina, cuando la corte se estableció definitivamente en Madrid, alejándose de Valladolid, Tordesillas perdió interés como lugar de residencia. La planta del edificio era casi rectangular, siendo la más larga la fachada principal, que era la que daba al río, alineada con la iglesia de San Antolín, midiendo 75 metros de frente. La paralela a ésta medía 69 metros y las laterales 55 metros cada una. En el centro de la fachada principal se encontraba la torre del palacio. A lo largo del piso más elevado discurría un corredor exterior cubierto. Dada la inclinación del terreno donde se asentaba, la altura de sus paredes iban desde los 14 metros en la fachada posterior hasta casi 17 en la principal, llegando la torre hasta los 21 metros.

Los cimientos eran de piedra, pero el resto estaba construido de ladrillo y adobe, lo que explica su fácil deterioro, sobre todo en un edificio de tanta altura que difícilmente el barro podía mantener por mucho tiempo. La fachada marcaba dos estilos diferenciados, cada uno de ellos se correspondería con un patio interior; uno de éstos era el principal, o del Rey, seguramente el más próximo a San Antolín, en el lado oeste, y el otro se denominaba el de los Oficios. También se tiene conocimiento de una huerta anexa en la zona este, pero su producción debía ser tan exigua que se le denominaba patio de la Hierba. Hasta no hace muchos años, cuando se derribaron, después de un inexplicable incendio, las viejas escuelas que ocupaban el solar del antiguo palacio para edificar pisos, aún se conservaban unos basamentos de piedra similares a los que todavía se pueden apreciar rodeando San Antolín y las Casas del Tratado. Justo delante de donde estaba el palacio se conserva un espacio ahora de uso público como zona de esparcimiento que curiosamente mantiene en su nombre las reminiscencias de su origen: el Palacio, que fue cedido al pueblo por Carlos III cuando se decidió el derribo del edificio principal. En lo que se refiere a la distribución interior, en la planta baja se encontraba toda la zona de servicios, que incluía cocina, lavandería, cuadras, almacenes, etc. En el piso de arriba se situaban las salas habitadas por la realeza, con mayor importancia las que tenían salida a la fachada del río, por ser más soleadas y estar mejor comunicadas con la iglesia de San Antolín. La torre la ocupaban durante la guardia doce de los veinticuatro Monteros de Espinosa que custodiaban a la reina; este cuerpo, cuya tradición se remonta a la época de los condes de Castilla, tenía el privilegio de proporcionar la seguridad a los miembros de la Casa Real y constituye el antecedente lejano de la actual Guardia Real. Los aposentos de la reina se encontraban precisamente en la esquina sureste del palacio, la más próxima a Santa Clara, pero, como ya se ha expuesto, era imposible que desde allí se pudiera ver el ataúd de Felipe «el Hermoso». Este lugar privilegiado sí proporcionaba a Juana la mayor tranquilidad posible, puesto que la galería exterior acababa en las salas que ella ocupaba, luego nadie utilizaba el corredor como zona de paso; no se tiene una descripción exacta, pero a través de distintos documentos se puede tratar de reconstruir cómo serían los aposentos de la reina; desde el corredor que daba al río se accedía a una primera sala utilizada como oratorio. A continuación, estaría la cámara principal, de grandes dimensiones, de donde la reina apenas salía; en comunicación con esta cámara debía haber un excusado. Aunque en una primera descripción no se indica, comunicada con la cámara de la reina se encontraba la cámara de la infanta Catalina, que no tenía otra salida que a través de los aposentos de su madre y que inicialmente no tenía ni siquiera ventanas. Por la información de que se dispone, bien pudiera haber ocurrido que la cámara de la Infanta hubiera tenido una salida independiente, seguramente a la galería del patio interior, pero la reina, escarmentada de que se llevaran a sus hijos sin su consentimiento, debió ordenar tapiar todo acceso que no pasara por su dormitorio. Como se verá, no fue impedimento para la salida de Catalina sin la autorización materna. Poco tiempo después, el caballerizo mayor de la reina convenció a ésta para practicar una ventana que permitiera un pequeño contacto de su hija con el exterior, lo que le resultó muy beneficioso, pudiéndose distraer con el paso de las gentes del pueblo y con los juegos de los niños, a los que animaba a acercarse a jugar a los pies de su ventana arrojándoles monedas de vez en cuando.

Vista la descripción del totalmente desaparecido palacio real, se puede afirmar que su mayor virtud era el privilegiado lugar que ocupaba, en un altozano al norte del río Duero, protegido y con abundante agua potable, desde donde se podía llegar a ver, en días claros, Medina del Campo.

La llegada de Juana debió plantear múltiples problemas. El palacio seguramente estaría preparado, pues hacía más de seis meses que se esperaba que la reina se trasladara allí, pero su séquito lo constituían unas doscientas personas, número muy a tener en cuenta en una población que no llegaba a los mil vecinos. Sí que es cierto que la mayoría de este personal eran sirvientes, puesto que a pesar de ser la reina titular, no le acompañaban consejeros ni validos que indudablemente hubiera necesitado en caso de ejercer como soberana, lo que hubiera supuesto mayores necesidades y exigencias a la hora de alojarse, vestirse, alimentarse, etc.

Por otro lado, conociendo los celos de la todavía joven viuda, ¿qué pasó cuando supo que el cuerpo de su marido se pensaba depositar en Santa Clara, convento de monjas? No debió suponer un excesivo trauma, puesto que ningún cronista hace referencia a ello. Quizá se hizo de una manera progresiva, situando el féretro inicialmente en el interior del palacio o en San Antolín, donde sí que podía ir la reina sin dejar el palacio, para después trasladarlo a Santa Clara, pero lo cierto es que no se tiene constancia de ningún problema, salvo el distanciamiento que la reina mantenía con las religiosas y con las mujeres en general, sobre todo si eran jóvenes, lo que no le impedía hacer grandes donativos para el mantenimiento y mejoras del convento. Sí se tiene conocimiento de que en dos ocasiones ordenó paralizar obras que las religiosas habían emprendido dentro de la iglesia del monasterio; la primera fue en 1512, cuando las monjas cambiaron de sitio un retablo en honor de San Francisco, ordenando inmediatamente que volviera a su lugar original; la segunda fue con ocasión de la construcción de un nuevo coro en el centro de la nave principal, lo que dificultaba a Juana la visión de la zona donde se encontraba el ataúd de su marido; incluso pagó sesenta mil maravedíes para que las monjas acometieran la remodelación del coro existente.

Poco después del traslado de Juana a Tordesillas se produjo el nacimiento y fallecimiento a las pocas horas del hijo de Fernando y Germana, al que habían puesto el nombre de Juan. Hubiera sido el legítimo heredero del Reino de Aragón, lo que hubiera supuesto la división de los reinos que los Reyes Católicos habían reunido, y su breve existencia aún plantearía disputas sobre los derechos sucesorios a la muerte de Fernando.

Para el gobierno de la Casa de Juana, su padre nombró a una persona de su total confianza, el aragonés mosén Luis Ferrer. Mosén Ferrer conocía a la reina desde hacía tiempo, pues cuando Fernando «el Católico» salió de España en 1506 dejó a este hombre como su embajador ante Felipe «el Hermoso»; a la muerte de Felipe siguió acompañando a la reina todo el tiempo, con unas funciones cada vez más próximas a la vigilancia y más alejadas de la diplomática inicial, hasta la llegada a Tordesillas, donde fue designado oficialmente gobernador de la Casa de doña Juana. Este religioso tenía poderes casi absolutos en la elección del personal de servicio e incluso en las actividades de la reina. Es seguro que tenía instrucciones muy precisas de Fernando, a quien servía con una fidelidad casi enfermiza. El personal que directamente fue designado por el rey o por mosén Ferrer incluía un confesor, doce capellanes, diecisiete servidores personales, treinta y seis oficiales, doce damas de honor y cuarenta y nueve guardias armados. Aparte de todo este personal, que se podría denominar como directamente al servicio de la reina, estaba todo el dedicado a los servicios de palacio, como cocineros, lavanderos, mozos de cuadras, limpiadores, hortelanos, etc., aunque es evidente que en la elección de este personal no había una participación directa de mosén Ferrer. Puede extrañar que se hable de cuarenta y nueve guardias armados, cuando anteriormente se expuso que en la torre del palacio se alojaban doce de los veinticuatro Monteros de Espinosa que custodiaban a la reina; lo que ocurría era que los monteros estaban en Tordesillas en dos turnos al año de 24 hombres cada uno, de los cuales doce estaban diariamente de servicio en el palacio. El hombre que falta hasta los cuarenta y nueve era el jefe de todos ellos, que no entraba en los turnos y habitualmente permanecía en Tordesillas a las órdenes directas, nominalmente de la reina y realmente del gobernador de la Casa.

La labor de Ferrer no fue bien acogida entre la población, entre otras cosas por la pesada carga que suponía tener activado el palacio, pese a que sin lugar a dudas tenía que ser una importante fuente de ingresos para una pequeña población como ésta. La animadversión hacia el gobernador fue en aumento y al producirse el fallecimiento en Madrigalejo del rey Fernando se inició prácticamente un motín en contra de Ferrer. Se produjo un cierto vacío que algunos trataron de aprovechar para intentar recuperar la salud de la reina. En esta época la locura y la posesión demoníaca no tenían una clara separación, por lo que se intentaron ceremonias de exorcismos para tratar de expulsar al Maligno, aunque sin resultados apreciables. La conmoción producida por todos estos acontecimientos fue tan grande que el propio cardenal Cisneros tuvo que intervenir para evitar que el problema se le fuera de las manos.

Para mediar en el conflicto fue enviado el obispo de Mallorca, quien, viendo el estado de la reina, ordenó a Ferrer que ni se acercara a ella. La situación adquirió unos tintes tan adversos para el gobernador que decidió dirigir una carta justificativa al cardenal Cisneros, en la que exponía que la reina se negaba a alimentarse, a vestirse y asearse adecuadamente. En un fragmento de la carta introdujo una expresión que ha dado lugar a polémica sobre su sentido real:

(...) y vuestra señoría reverendísima que tanto conoce y es sabedor de las condiciones y enfermedad de la reyna nuestra señora, cómo ha de creer ni pensar que por mi culpa se dexase de hacer lo que cumpliese a la salud de su alteza y a su servicio, a la cual yo nunca falté ni erré, y aviendo sucedido su alteza en los reynos de Aragón donde soy natural según lo que yo he servido a su alteza y la mucha continuación y conversación que con su alteza he tenido, quién creara más merced con su salud que yo, mas si Dios la hizo de tal condición que no se le pueda hazer más de lo que su divina majestad permite e quiere, y nunca el rey su padre pudo hazer más, fasta que porque no muriese dexándose de comer por no cumplir su voluntad, le hubo de mandar dar cuerda para conservarle la vida, y haser creer culpa a mí por lo que no está en mi mano, ni en mi facultad ni en poderlo remediar, yo no puedo creer que vuestra señoría reverendíssima, en quien está todo el saber y discreción del mundo, y sabiendo yo quien soy que pienso que me conoce, pueda ignorar que por malicia y por envidia y por ambición de suceder en el cargo que yo tengo soy perseguido.

La expresión que produce extrañeza es la de «dar cuerda». Podría tener varios significados: la primera traducción que parece posible es «azotar». No es probable que, aun cuando se tuviera constancia de los problemas mentales de la reina, nadie reconociera por escrito haber puesto la mano sobre ella, aunque fuera por orden de su padre, puesto que a todos los efectos era la reina titular y aún había parte de la nobleza que no estaba totalmente convencida de su incapacidad. Otra posibilidad es el sentido que actualmente reconoce la Real Academia de la Lengua: *Halagar la pasión que domina a alguien, o hacer que la conversación recaiga sobre el asunto de que es más propenso a hablar.* Este significado podría ser más adecuado, pero no parece que por hacer esto nadie se disculpase, muy al contrario, sería digno de elogio. Por último, otra posibilidad es que se refiriera a que Juana era atada para obligarla a ingerir alimentos, lo que podría ser políticamente más correcto, sólo como única manera de conservarla con vida y siempre, claro está, con el conocimiento y consentimiento de su padre. Lo cierto fue que el cardenal Cisneros relevó inmediatamente de su cargo a Luis Ferrer, aunque manteniéndole la pensión, lo que implica que no fue castigado por su conducta durante los siete años que dirigió la Casa de la Reina. El cardenal designó el 3 de abril a un hombre de su confianza, Hernán Duque de Estrada, que sin lugar a dudas fue quien más acertó en el gobierno de la Casa pero que sería relevado por Carlos I a su llegada a España.

Resulta sorprendente que en todo el período de Regencia, el cardenal Cisneros no fuera ni una sola vez a visitar a Juana, más aún cuando consta su preocupación por el estado en que se encontraba. Es posible que pesara sobre él la difícil relación que habían mantenido tras el fallecimiento de Felipe y que, conociendo los arrebatos de ira de la reina, tratara de evitarlos para no empeorar más las cosas.

Pero antes que todo esto, ¿cuáles fueron las relaciones entre Juana y Fernando en el último período de la vida de éste? Sin duda escasas y distantes. Fernando se dedicó en cuerpo y alma al gobierno de todos los reinos y a los esfuerzos por conseguir descendencia con Germana de Foix; de hecho, siempre se ha especulado con que una de las posibles causas de su muerte fuera el empleo de pócimas y bebedizos con la intención de aumentar su ya exigua potencia sexual. En el aspecto político, su mayor logro en este período fue la anexión del Reino de Navarra, con lo que consiguió unificar todos los reinos peninsulares, excepto Portugal. También prestó gran atención al norte de África, llegando a través de la costa hasta Trípoli, aunque en la actual Túnez sufrió un revés muy importante al tratar de conquistar la isla de Djerba, denominadas Gelves en los documentos de la época. El intento de conquista fue un descalabro que no se debe confundir con la incursión de 1560, reinando ya Felipe II, en la que murieron muchos miles de soldados, con cuyos cráneos fue construida una tétrica pirámide que persistió en la isla hasta finales del siglo XIX.

En lo que se refiere a las visitas que el rey hizo a su hija, el balance es bastante desalentador: sólo se tiene constancia de tres, cada vez más espaciadas; la primera antes de finalizar 1509, la segunda en 1510 y la tercera en 1513. En la primera ocasión Fernando debió supervisar cómo se encontraba alojada su hija y si el control ejercido sobre ella era suficiente; él ya había recuperado el control de Castilla y sólo necesitaba a Juana con vida para legitimar su regencia. La visita más inquietante y maquiavélica fue la segunda, puesto que no se trató de una simple visita de padre a hija, ni siquiera una visita de cortesía; el rey pensaba iniciar una campaña militar en África y no quería dejar cabos sueltos a sus espaldas. Aún resonaban algunas voces reclamando la legitimidad de Juana para reinar, por lo que preparó la entrevista con la reina de manera que quedara claro su estado mental y su incapacidad incluso para decidir cuestiones personales, cuánto más para regir los designios del Reino más poderoso de la Tierra; la intención de Fernando se descubrió fácilmente, puesto que él se presentó el día anterior en solitario para comprobar que en efecto la reina se encontraba en un estado mental y físico lamentable: así era, puesto que no se cambiaba de ropa, dormía en el suelo y el aseo personal brillaba por su ausencia; satisfecho de lo que había visto, al día siguiente, sin previo aviso, se presentó ante Juana acompañado por los embajadores de las principales naciones y por las altas personalidades españolas, entre las que se encontraban el condestable y el almirante de Castilla, el duque de Alba, el duque de Medina

Sidonia, el conde de Urueña, el conde de Benavente, el marqués de Denia y el arzobispo de Santiago. Todos ellos, que esperaban encontrarse a una mujer triste, melancólica y acaso algo ausente quedaron sorprendidos del penoso aspecto que ofrecía aquella mujer de la que nadie diría que era la reina de España. Si sorprendidos se quedaron los grandes hombres más sorprendida quedó la reina, que tampoco se esperaba en ningún modo esta visita y que seguramente reaccionó encerrándose en sí misma para pasar el mal trago al que le estaba sometiendo su propio padre. Sí es seguro que Fernando consiguió su propósito y en adelante nadie cuestionó durante su regencia la incapacidad de Juana para gobernar. Fernando demostró una vez más que su único interés era mantener con vida a su hija para que nadie pudiera arrebatarle el gobierno de los reinos. Sólo en 1513, cuando debió sentir la muerte cerca, lo que le produjo una gran melancolía, fue a Tordesillas a dar el último adiós a su infeliz hija, pese a que aún viviría tres años más.

VII. MADRE DEL REY

El 23 de enero de 1516, el rey Fernando «el Católico» falleció en Madrigalejo, alimentando la leyenda de la adivina que había predicho que moriría en Madrigal de las Altas Torres: no fue Madrigal, pero sí Madrigalejo. El día anterior a su muerte dirigió una carta a su nieto Carlos en la que no hacía ninguna referencia a su hija, pero en cambio le pedía que cuidara de su mujer, Germana. Esta petición la cumpliría Carlos con devoción, fruto de la cual nació una niña a la que llamaron Isabel. Cuando la abuelastra comenzó a perder su atractivo, el joven rey siguió preocupándose de ella, procurándole matrimonios que la permitieron vivir plácidamente hasta su fallecimiento. Juana nunca tuvo aprecio hacia su joven madrastra, aunque la trató con corrección, siempre distante. Sólo consta una ocasión en la que se refirió a ella sin nombrarla, cuando habló ante la Santa Junta de los Comuneros, como se verá más adelante, diciendo: *Pero como el rey mi señor me puso aquí, no sé si a causa de aquella que entró en lugar de la reina mi señora o por otras consideraciones que Su Alteza sabría (...)*.

Con respecto a su testamento, el aragonés tuvo serias dudas a la hora de redactarlo. Sabía por experiencia propia que cuanto más claro y atado se dejara el aspecto sucesorio era mucho mejor para todos. También sabía, aunque a él le hubiera gustado otra cosa, que el heredero natural era su nieto Carlos. Lo que en realidad Fernando deseaba íntimamente era designar como heredero a su otro nieto, Fernando, que además no se había separado de él en los últimos siete años, en los que se había convertido en un adolescente educado a su imagen y semejanza, a punto de estar en condiciones de hacerse cargo de mayores empresas. Le parecía casi demencial que fuera a convertirse en rey de España un príncipe que ni siquiera conocía la Península, ni el idioma, ni las costumbres. Más sorprendente le hubiera resultado saber que su querido nieto sería algún día el emperador Fernando I. El testamento de Fernando estipulaba que su hija Juana era la legítima heredera de todos los reinos de España, pero dada su incapacidad manifiesta, designaba dos regentes hasta que el príncipe Carlos estuviera en condiciones de hacerse cargo del trono que legítimamente le correspondía. Inicialmente había dispuesto en un testamento firmado en Burgos en 1512 que el regente de Castilla sería su nieto Fernando, y el de Aragón su hijo bastardo Alfonso, arzobispo de Zaragoza y Valencia. Inmediatamente antes de morir, exactamente la víspera, quizá consciente de que Fernando, con sólo trece años, no tenía aún edad para afrontar una regencia que se presumía difícil, con problemas internos y externos, decidió la solución más idónea: designar como regente al cardenal Cisneros, quien, a pesar de rondar los ochenta años aún tenía una mente lúcida y energía suficiente para hacer frente a los primeros golpes que sin duda se iban a producir. No ha quedado perfectamente aclarado por qué Fernando designó dos regentes, cuando en buena lógica, dado que la reina era la misma para los dos reinos hubiera sido más aconsejable uno solo. Quizá temió que ninguno de los dos fuera aceptado en toda España, puesto que Aragón seguía teniendo algunas reticencias a la unión completa y sin lugar a dudas Castilla no hubiera consentido fácilmente un regente no castellano.

Otro problema de competencias se produjo cuando Adriano de Utrecht, que había sido enviado a España por el príncipe Carlos para que velara por sus intereses, mostró un documento según el cual el nuevo rey le designaba regente. El cardenal Cisneros actuó con su habilidad natural y consintió en firmar los decretos conjuntamente hasta que el propio rey tomara una decisión al respecto. Carlos demostró que tenía más carácter y capacidad de decisión de lo que sus más allegados creían y finalmente optó por mantener como único regente al cardenal, tal vez consciente de que un hombre de ochenta años en ningún caso podía ser un gran obstáculo para sus intenciones.

Mientras tanto, Carlos no perdía el tiempo en Flandes. El 14 de marzo de 1516, sin haber transcurrido dos meses desde la muerte de Fernando, rememorando lo que hizo su padre once años antes y en un acto de dudosa legalidad, fue nombrado en Bruselas rey de Castilla, León y Aragón. Realmente era una manera fuerte de reivindicar sus derechos, cuando en vida de su madre no debería haber sido nombrado rey. En todo caso, y ésa era la idea del cardenal Cisneros, debería ser nombrado gobernador, como su abuelo. Pero, aconsejado por personas interesadas, finalmente tomó la decisión comentada y el cardenal, fiel a los intereses de España, asumió que era la solución más práctica, aunque no fuera la más legal. Afortunadamente, las maniobras del religioso permitieron que la nobleza aceptara que Carlos figurara como rey de España en todos los documentos junto a Juana. Todas estas decisiones se tomaron sin tener en cuenta en ningún momento la opinión de la legítima reina de España.

Carlos, quizá a la espera de que el cardenal Cisneros, junto con Adriano de Utrecht, le allanaran el camino, tardó más de un año en trasladarse a España, donde llegó el 18 de septiembre de 1517, desembarcando en el pequeño pueblo de Tazones. Desde allí se dirigió, junto con su hermana Leonor, a visitar a su madre en Tordesillas, lo que hicieron el 4 de noviembre. Aunque la visita tenía un marcado carácter político, puesto que se trataba de conseguir el refrendo o al menos no tener el rechazo de su madre, la realidad era que se iban a encontrar dos hijos con una madre a la que habían dejado de ver hacía once años; por otro lado, conocerían a su hermana pequeña, a la que no habían visto nunca. La primera entrevista fue, en todos los sentidos, positiva; la reina se mostró muy emocionada y más sensible de lo habitual y cuando se le planteó por parte del señor de Chièvres la conveniencia de que

Juana dejara que su hijo se ocupara de los asuntos de Estado, Juana accedió con tranquilidad. Que todos dominaran la lengua francesa debió ser una importante ayuda para este encuentro. El primer contacto con Catalina fue también emotivo, pero a Carlos no le gustaron las condiciones en las que vivía la niña, por lo que decidió que tenía que intervenir para mejorarlas. Debió ser en esta visita cuando Carlos probó por primera vez las famosas salchichas de Tordesillas, que le recordaban a ciertos embutidos de Bruselas; cuando se encontraba ya en su retiro de Yuste pidió que le llevaran estas salchichas; después de hacer la primera prueba retiró el plato y dijo malhumorado: *Ya no son como antes.* Uno de sus fieles criados le contestó: *Quien ya no es como antes es su majestad.*

La estancia estaba prevista para ocho días, durante los cuales (el 8 de noviembre) falleció el cardenal Cisneros, sin que llegara a conocer al nuevo rey. Este gran servidor de España, uno de los personajes más importantes de este período convulso, fue enterrado en Alcalá de Henares. Se puede leer en el epitafio de su tumba:

Yo, Francisco, que hice edificar a las Musas un Colegio Mayor,
Yazco ahora en este exiguo sarcófago.
Uní la púrpura al sayal, el casco al sombrero,
Fraile, Caudillo, Ministro, Cardenal,
Junté sin merecerlo la corona a la cogulla
Cuando España me obedeció como a Rey.

El tiempo que Carlos permaneció en Tordesillas lo aprovechó para honrar la memoria de su padre, cuyo féretro aún se encontraba en el monasterio de Santa Clara, celebrándose los funerales el 10 de noviembre.

Al día siguiente salieron Carlos y Leonor hacia Valladolid, uniéndoseles en el camino el otro hermano al que no conocían (a pesar de que seguramente Carlos ya tenía decidido su futuro), Fernando. Esta primera entrevista tuvo que necesitar intérprete, puesto que ni Carlos ni Leonor sabían español y el francés de Fernando era bastante limitado. Es extraño que, estando tan cerca de Tordesillas, Fernando no fuera hasta allí para ver a su madre. Quizá se trató de evitar alguna confusión en la reina que pudiera poner en dificultades la presencia de Carlos ante las Cortes, que se reunieron en Valladolid en enero de 1518. Los delegados en las Cortes elevaron al nuevo rey las peticiones de las ciudades y pueblos a los que representaban. En total eran casi cien peticiones que Carlos se comprometió a estudiar y satisfacer. Curiosamente una de ellas estaba referida a su hermano Fernando, que contaba con un numeroso grupo de simpatizantes; pedían que Fernando permaneciera en España hasta que Carlos tuviera descendencia, pero no era esto lo que tenía previsto el nuevo rey.

Después de recibir la aprobación de las Cortes castellanas, Carlos quiso remediar por la vía rápida la situación de su hermana menor. La historia tiene tintes novelescos, y más bien parecería una leyenda si no fuera porque hay testimonios escritos de los hechos. A alguien se le ocurrió la feliz idea de hacer un butrón en una de las paredes del dormitorio de la niña (¿aprovechando quizá una puerta cegada?) que daba acceso a una galería exterior desde donde ya era fácil sacar a la infanta del palacio. ¿No hubiera sido más fácil, y más discreto, haber dormido a la reina o haber aprovechado cualquier salida de la pequeña? Lo cierto es que el tosco plan funcionó, pero cuando se apercibió la reina del «rapto» cayó en tal depresión, en un momento además políticamente delicado, que Carlos dio marcha atrás. Su hermana volvió junto a la reina, pero se aseguró de que el trato con ella fuera acorde con su condición y fue trasladada a una zona del palacio donde tenía más independencia y hacía una vida más abierta, sin necesidad de pasar por los aposentos de su madre para salir al exterior.

El nuevo rey había decidido tomar las riendas de la Casa de su madre. Ya se vio cómo el cardenal Cisneros había despedido a mosén Ferrer y designado a Hernán Duque de Estrada. Era éste un hombre de mediana edad, buen conocedor de los Reyes Católicos y sus hijos, a los que había tratado desde niños. Había servido en la Casa del príncipe Juan, luego el cargo tampoco le era desconocido, y había estado de embajador especial en Inglaterra, para tratar de encontrar una solución negociada al problema que se había producido al fallecer el príncipe heredero, Arturo, quedando viuda la infanta Catalina. Hernán permaneció al frente de la Casa de la reina prácticamente dos años, en los cuales parece que Juana recuperó algo la normalidad, quizá también ansiosa de volver a ver a su hijo, al que había dejado en Bruselas cuando sólo tenía cinco años. La reina comenzó a alimentarse sin problemas y mantuvo una higiene y un vestuario más acorde con su condición. Carlos, quizá porque quería designar a alguien de su confianza o simplemente para hacer ostentación de su autoridad decidió destituir a Hernán Duque de Estrada y designar, el 15 de marzo de 1518, a don Bernardo de Sandoval y Rojas, marqués de Denia. Este título nobiliario iría ligado al gobierno de la Casa de la reina hasta que ésta muriera, casi cuarenta años después. Don Bernardo, al igual que su predecesor, había sido un fiel sirviente de los Reyes Católicos, más concretamente de Fernando, con el que compartió los últimos momentos de su vida, siendo su testigo testamentario y acompañando su cuerpo hasta Granada. Tenía además otro punto a su favor: estaba casado con Francisca Enríquez, de la poderosa familia a la que también pertenecía el almirante de Castilla. Con esta designación Carlos se aseguraba el apoyo de una parte importante de la nobleza castellana. Pero aún debía resolver un problema que tenía su misma sangre: Fernando. Parte de la nobleza seguía viendo con buenos ojos que el infante permaneciera en Castilla, y seguramente no descartaban la posibilidad de que ante cualquier contratiempo fuera éste el verdadero heredero de la Corona castellana. Carlos volvió a demostrar que no era el adolescente bobalicón que algunos decían y ordenó la inmediata partida de Fernando hacia Flandes, no sin prometerle que sería compensado convenientemente. Tanta importancia dio a la rápida salida de España de su hermano que dio orden de que se le informara inmediatamente del momento en que zarpara el barco que llevó a Fernando hasta Flandes.

A Carlos I todavía le faltaba recibir el respaldo de las Cortes de Aragón y las de Barcelona. En las primeras no tuvo grandes problemas, pero en las segundas debió emplear toda su diplomacia para conseguir el apoyo necesario.

A la vez que se dedicaba a conseguir estos apoyos, también se estaba esforzando en obtener los necesarios para ser nombrado emperador del Sacro Imperio Romano Germánico, puesto que su abuelo Maximiliano había fallecido el 22 de enero de 1519. El cargo de emperador requería la designación por parte de siete príncipes del Imperio, para lo que no dudó en vaciar las arcas españolas para ganarse los apoyos necesarios. También aprovechó que su hermana Catalina estaba ya en edad de comprometerse para acordar su matrimonio con el hijo del duque de Sajonia. Todos estos esfuerzos dieron sus frutos, aunque con pesar entre los españoles que veían cómo sus riquezas iban mermando en beneficio de países lejanos y por los que no se tenía gran interés. Lo cierto es que el 28 de junio de 1519 fue elegido emperador. Desde ese momento todos sus documentos eran encabezados por su tratamiento de emperador de Alemania, seguido del de rey de España, por detrás de su madre.

Sin perder tiempo decidió que debía acudir cuanto antes a Alemania para ser coronado como emperador. ¡Qué diferencia con lo que hizo tres años antes, cuando fue nombrado en Bruselas rey de Castilla, León y Aragón! Antes de partir pasó por Tordesillas para despedirse de su madre. Seguidamente convocó las Cortes castellanas en La Coruña para exponer las razones de su salida de España y prometiendo, ante las reticencias de sus súbditos, que volvería en tres años, a partir de los cuales su hogar sería España. El 20 de mayo de 1520 salió del puerto de La Coruña, dejando como gobernador de España a Adriano de Utrecht, lo que no fue precisamente acogido con agrado por la nobleza castellana, pues veía que Carlos hacía oídos sordos a sus peticiones de que el monarca se rodeara de asesores nativos; además, todos recordaban el testamento de la gran reina Isabel, en el que recomendaba a sus herederos que no se rodearan de extranjeros. En su ausencia se producirían graves acontecimientos que hicieron peligrar su continuidad como rey de España.

La insatisfacción era común entre nobles, clérigos e incluso el pueblo llano, que contemplaban cómo la mayor preocupación de Carlos I era obtener el dinero suficiente para satisfacer sus necesidades, lo que implicaba un aumento de impuestos. Así nació el movimiento Comunero, primero en Toledo, para extenderse rápidamente a la mayoría de las ciudades castellanas. Los Comuneros organizaron la Santa Junta de Comunidades en Ávila, que declaró que actuaba en beneficio de la reina. El golpe de efecto más trascendente fue la ocupación de Tordesillas, el 24 de agosto de 1520, con lo que podían contar con el apoyo del legítimo poder real. Los cabecillas se presentaron inmediatamente ante la reina, que les recibió con agrado, sobre todo cuando entre ellos reconoció a personajes importantes que habían servido lealmente a sus padres; especialmente emotivo fue el encuentro con el que había sido su capellán durante muchos años, cuando estuvo en Flandes y a su regreso a España. Quien tomó la voz cantante entre los sublevados fue Juan de Padilla, que expuso detalladamente los problemas que afligían a España y las propuestas que los Comuneros hacían. La reina mostró extrañeza por todo lo que se le contaba, excusándose por no haber hecho nada para remediarlo. Parece que fue entonces cuando se enteró, o al menos fue consciente, del fallecimiento de su padre, dando esperanzas a los Comuneros en que las cosas podían cambiar y que ella apoyaría los cambios necesarios. Sobre el fallecimiento de su padre, aunque el marqués de Denia trató de ocultarlo durante años es poco probable que lo consiguiera, puesto que era una noticia lo suficientemente importante como para filtrarse en cualquier comentario o a través de alguna de las pocas visitas que la reina tuvo. Sí es más probable que «quisiera creer» que no había muerto, lo que evitaba verse en la tesitura de tomar importantes decisiones. Prefería seguir pensando que Carlos era el príncipe, no sólo porque estuviera ella, que era razón suficiente, sino porque aún vivía Fernando. Algo similar le ocurrió con la muerte de Maximiliano, su suegro, al que seguramente no tenía excesivo aprecio, pero cuya muerte le fue ocultada sin estar muy claras las razones para ello.

Las noticias sobre estas primeras entrevistas entre los Comuneros y la reina llegaron a Adriano, evidentemente preocupado por el Reino e incluso por su vida, quien no tardó en informar al rey. Carlos I comenzó a demostrar sus grandes dotes como estadista. Reaccionó designando como regentes, junto a Adriano, al almirante de Castilla, don Fadrique Enríquez, y al condestable de Castilla, don Íñigo de Velasco. Con estos nombramientos consiguió ganarse a la alta nobleza, que se puso más decididamente a su favor cuando los Comuneros comenzaron a hacer reivindicaciones que perjudicaban los intereses de los nobles más poderosos.

Los Comuneros seguían esperanzados en el apoyo de la reina. Para que se sintiera más libre expulsaron de la ciudad al marqués de Denia, que ejercía una notable influencia sobre la pobre mujer. Adriano era consciente del peligro que representaba este apoyo, por lo que alertó a Carlos de que si la reina firmaba algún documento en su contra podía dar por perdida su autoridad en Castilla. Los Comuneros tenían la misma opinión y trataron de influir en la decisión de Juana: el 20 de septiembre se reunió la Junta de Comunidades en Tordesillas, según los propios Comuneros por iniciativa de la reina.

La situación era muy comprometida para esta mujer que llevaba más de diez años encerrada, sin apenas tener capacidad de decisión más allá de si comía o se aseaba. De repente toda Castilla miraba hacia ella, una parte para que refrendara sus actos, la otra para que permaneciera pasiva. Todos los que le rodeaban trataban de influir en un sentido u otro. Se le fue dando información sesgada sobre los verdaderos intereses de cada bando. Los Comuneros, que tenían la ventaja de tener a la reina físicamente con ellos, trataron de aprovechar todas sus manifestaciones verbales que les resultaran favorables, levantando acta de las entrevistas que mantenían con ella, con la intención de utilizarlas como órdenes, pero nadie dio importancia a documentos que no venían refrendados con la firma de la soberana. Se ha conservado completa el acta que los notarios hicieron el 24 de septiembre sobre la reunión que la reina mantuvo con los procuradores de las ciudades sublevadas y que además proporciona información sobre una de las pocas intervenciones públicas de Juana. Fue publicada por fray Prudencio de Sandoval en su *Historia del Emperador Carlos V:*

En la muy noble y muy leal villa de Tordesillas, lunes 24 días del mes de setiembre, año del nacimiento de Nuestro Salvador Jesucristo de mil y quinientos y veinte años. Estando la muy alta e muy poderosa reina doña Juana, nuestra señora, y con ella la ilustrísima señora infanta doña Catalina en los palacios reales de la dicha villa, en presencia de nos, Juan de Mirueña y Antonio Rodríguez y Alonso Rodríguez de Palma, escribanos y notarios públicos de Sus Altezas, ante los testigos de suso escritos, se presentaron ante Su Alteza los procuradores de las ciudades y villas y lugares que tienen voto en Cortes. Conviene a saber, por parte de la ciudad de Burgos: Pedro de Cartagena, Jerónimo de Castro; por parte de la ciudad de León: don Antonio de Quiñones y Gonzalo de Guzmán y el maestro fray Pablo, prior del monasterio de Santo Domingo, y Juan de Benavente, canónigo de León; y por parte de la ciudad de Toledo: don Pedro Laso de la Vega y de Guzmán, y Pero Ortega, y Diego de Montoya Jurados, y Francisco de Rojas, y el dotor Muñoz; y por parte de la ciudad de Salamanca: Diego de Guzmán y el comendador fray Diego de Almaraz, de la Orden de San Juan, y Francisco Maldonado, de la calle de los Moros, y Pero Sánchez Cintero; y por parte de la ciudad de Ávila: Sancho Sánchez Zimbrón, regidor y Gómez de Ávila y Diego del Esquina; y por parte de la ciudad de Segovia:

el bachiller Alonso de Guadalajara y Alonso de Arellar; y por parte de la ciudad de Toro: don Hernando de Ulloa y Pero Gómez de Valderas, abad de la ciudad de Toro, y Pedro de Ulloa y Pero Merino; y por parte de la villa de Madrid: Pedro de la Sondax, y Pedro de Sotomayor, y Diego de Madrid, pañero; y por parte de Valladolid: Jorge de Herrera, regidor, y Alonso Sarabia y Alonso de Vera; y por parte de Sigüenza: Juan de Olivares y Hernán Gómez de Alcocer; y por parte de Soria: el protonotario don Hernando Díez de Morales, deán de Soria, y don Carlos de Luna y de Arellano, y Hernán Bravo de Sarabia, y el licenciado Bartolomé Rodríguez de Santiago; y por parte de Guadalajara: Juan de Orbita y el dotor Francisco de Medina, regidores, y Diego de Esquivel. Los cuales hicieron a Su Alteza la reverencia y acatamiento debido a Su Majestad, y Su Alteza los recibió benigna y alegremente. Y luego el dicho Pedro de Cartagena llegó a Su Alteza e hincó la rodilla en el suelo y pidió la mano a Su Alteza, e no oímos lo que dijo, y luego llegó el dicho don Pedro Laso de la Vega y de Guzmán a Su Alteza, y hincó las rodillas en el suelo, y pidió la mano a Su Alteza y la habló largamente. Y entre las otras cosas dijo a Su Alteza que él era procurador de la ciudad de Toledo, e que Toledo era la primera e principal que se había movido para el servicio de Su Alteza y bien destos reinos, y que él había sido el que había salido para ello, y que los procuradores del reino estaban allí y venían para servir a Su Alteza y obedecerla como a su reina y señora natural. Y que suplicaban a Su Majestad que se esforzase para regir e gobernar este reino. Y ansimismo llegaron otros procuradores e hincaron las rodillas en el suelo e pidieron la mano a Su Alteza. Y luego el dotor Zúñiga, vecino de la ciudad de Salamanca y catedrático en ella, que presente estaba, hincó las rodillas en el suelo, como persona nombrada y elegida por los dichos procuradores para decir y manifestar a Su Alteza las cosas cumplideras al servicio de Dios y de Su Alteza, y bien y pacificación y remedio destos sus reinos. Y entre muchas cosas que el dotor Zúñiga dijo a Su Alteza tocantes a su servicio, le dijo cómo los procuradores del reino que allí estaban, se habían movido con santo celo y espiración de Dios a visitar y besar las manos a Su Alteza, como a su reina y señora natural, doliéndose del mal y gran daño que estos sus reinos habían padecido y padecían a causa de la mala gobernación que en ellos había habido después que Dios había querido llevar para sí al Católico Rey, su padre, y después que el hijo de Vuestra Alteza, príncipe nuestro, entró en estos reinos de Vuestra Alteza con aquella gente extranjera, que Vuestra Alteza mejor conoció que nadie. Los cuales trataron tan mal estos vuestros reinos, que aliende de muchos y grandes males que en ellos hicieron, que aquí no se pueden decir por extenso, nos dejan casi sin algún dinero. Y asimismo, doliéndose de la opresión y manera de la estada de Vuestra Alteza, porque todos vuestros reinos están para obedecer y servir a Vuestra Alteza y traella encima de sus cabezas, como a su reina y señora natural y dejarse morir por ella. Porque humildemente suplican a Vuestra Alteza se esfuerce para regir y gobernar y mandar sus reinos, pues que no hay en el mundo quien se lo vede ni impida. Pues como la más poderosa reina y señora del mundo lo puede todo mandar. No deje todos sus reinos y súbditos y naturales, pues que por ella y por su servicio se dejarían todos morir y sobre ello le encargo la real conciencia de Vuestra Alteza. Y al tiempo que el dicho dotor Zúñiga comenzó la dicha plática con Su Alteza, Su Majestad estaba en pie, y el dicho dotor Zúñiga de rodillas en el suelo, delante de Su Alteza, y Su Alteza le mandó levantar diciéndole: «Levantaos, porque os oiré» Y el dicho dotor se levantó, y en pie, continuando su habla, Su Alteza dijo: «Tráiganme una almohada porque le quiero oír despacio» Y luego fueron traídas a Su Majestad almohadas, y Su Alteza se sentó en ellas. Y luego el dicho dotor Zúñiga tornó a hincar las rodillas en el suelo, y continuó y acabó su habla en la manera susodicha. A lo cual Su Majestad respondió larga y muy compendiosamente, mostrando mucho placer de haber oído la habla del dicho dotor.

Y entre otras palabras que su Majestad dijo, dijo las siguientes: «Yo, después que Dios quiso llevar para sí a la Reina Católica, mi señora, siempre obedecí y acaté al rey mi señor, mi padre, por ser mi padre y marido de la reina mi señora. Y yo estaba bien descuidada con él, porque no hobiera alguno que se atreviera a hacer cosas mal hechas. Y después que he sabido cómo Dios le quiso llevar para sí, lo he sentido mucho y no lo quisiera haber sabido, y quisiera que fuera vivo, y que allá donde está viviese, porque su vida era más necesaria que la mía. Y pues yo lo había de saber, quisiera haberlo sabido antes para remediar todo lo que en mí fuere. Yo tengo mucho amor a todas las gentes, y pesaríame mucho de cualquier daño o mal que hayan recibido. Y porque siempre he tenido malas compañías, y me han dicho falsedades y mentiras y me han traído en dobladuras e yo quisiera estar en parte donde pudiera entender en las cosas que en mí fuesen. Pero como el rey mi señor me puso aquí, no sé si a causa de aquella que entró en lugar de la reina mi señora o por otras consideraciones que Su Alteza sabría, no he podido más. Y cuando yo supe de los extranjeros que entraron y estaban en Castilla, pesóme mucho dello; y pensé que venían a entender en algunas cosas que cumplían a mis hijos, pero no fue ansí. Y maravillóme mucho de vosotros no haber tomado venganza de los que habían hecho mal, pues quien quiera lo pudiera. Porque de todo lo bueno me place, y de lo malo me pesa. Si yo no me puse en ello, fue porque ni allá ni acá no hiciesen mal a mis hijos, y no puedo creer que son idos, aunque de cierto me han dicho que son idos. Y mirad si hay alguno de ellos, aunque creo que ninguno se atreverá a hacer mal, siendo yo segunda o tercera propietaria señora, y aun por esto, no había de ser tratada ansí, pues bastaba ser hija de rey y de reina. Y mucho me huelgo con vosotros, porque entendáis en remediar las cosas mal hechas, y si no lo hiciéredes, cargue sobre vuestras conciencias, y así os las encargo sobre ello. Y en lo que a mí fuere yo entenderé en ello, así aquí como en otros lugares donde fuere. Y si aquí no pudiere tanto entender en ellos, será porque tengo que hacer algún día en sosegar mi corazón y esforzarme de la muerte del rey mi señor. Y mientras yo tenga disposición para ello, entenderé en ello. Y porque no vengan aquí todos juntos, nombrad entre vosotros de los que aquí estáis, cuatro de los más sabios, para esto que hablen conmigo, para entender en todo lo que conviene. Y yo los oiré, y hablaré con ellos y entenderé en ello cada vez que sea necesario, y haré todo lo que pudiere»

Y luego, fray Juan de Ávila, de la Orden de San Francisco, confesor de Su Alteza, que presente estaba, dijo: «Que los oiga Vuestra Alteza cada semana una vez» A lo cual Su Alteza respondió y dijo: «Todas las veces que fuere menester les hablaré, y elijan ellos entre sí cuatro de los más sabios, que cada día y cada vez que fuere necesario, yo les hablaré y entenderé en lo que yo pudiere» Y luego el dicho dotor Zúñiga, en nombre de todos dijo: «Besamos los pies y las manos de Vuestra Alteza por tan largo bien y merced como nos ha hecho, y puédense llamar los más bienaventurados hombres del mundo en haber venido a Vuestra Alteza y conseguido tan alta merced» Y el dicho dotor Zúñiga, en nombre de todos, la pidió por testimonio, Y nos, los dichos escribanos y otros muchos de los dichos procuradores, lo dimos por testimonio. A lo cual fueron presentes por testigos el padre fray Juan de Ávila, de la Orden de San Francisco, confesor de Su Alteza, y Pedro González de Valderas, abad de la iglesia colegial de la ciudad de Toro, y Diego de Montoya, jurado vecino de la ciudad de Toledo, y Hernán Bravo de Sarabia, vecino de la ciudad de Soria, y otros muchos que allí estaban. Y nos, los dichos escribanos y notarios públicos susodichos, presentes fuimos a todo lo que dicho es en uno con los dichos testigos, y lo vimos e oímos así pasar. Por ende, fecimos escribir e signamos de nuestros nombres en testimonio de verdad. Juan de Mirueña, Antonio Rodríguez, Alonso Rodríguez de Palma. Después desto, el dicho Alonso Rodríguez de Palma, escribano, se puso de rodillas ante la reina y dijo que si era servida y mandaba que los procuradores del reino que estaban en la Junta entendiesen en las cosas del reino tocan-

tes a su servicio. Y ella dijo que sí. Y más le preguntó, si era servida que los procuradores nombrasen cuatro personas para que, con Su Alteza, comunicasen las cosas tocantes a su servicio. Y ella respondió que sí, y que lo diese así signado. Pidió don Pedro Laso a la reina que Su Alteza nombrase los cuatro que habían de venir a consultar las cosas tocantes al gobierno del reino. Ella dijo, que no; sino que los señalasen en la Junta, que ella los oiría de muy buena gana todas las veces que quisiesen y ella estuviese para ello.

Ésta fue la gran oportunidad de la reina para cambiar su sino, pero no supo o no pudo hacerlo. Su mente no estaba en condiciones de soportar esta pesada carga, que, por otra parte, suponía ponerse en contra de su hijo, y esto era algo que su educación y su instinto de madre no podían consentir. Doña Juana atravesaba por momentos de lucidez que aprovechaba para satisfacer alguno de sus deseos. Uno de los últimos fue la expulsión de sus sirvientas con la promesa de que firmaría los documentos que se le presentaran: sus sirvientas fueron expulsadas... pero no firmó. Viendo que su causa estaba perdida los Comuneros trataron de forzar a la reina a que firmase, amenazando con no dar alimentos ni a ella ni a Catalina hasta que no estampara su firma sobre los documentos que le presentaban. No hubo manera.

El enfrentamiento entre Comuneros e Imperiales era numéricamente favorable a los primeros, pero militarmente era un enfrentamiento desigual entre campesinos y gentes de armas. Los Comuneros no tenían artillería y su caballería era escasa y poco disciplinada. Si a todo esto se añade una dirección poco clara, con cambios en la jefatura de los rebeldes, pasando de Juan de Padilla a Pedro Girón, la balanza se inclinaba definitivamente hacia los Imperiales. La dirección de éste último fue realmente ambigua, habiendo dudas de que no estuviera actuando a favor de los Imperiales, dudas que se confirmaron cuando al finalizar la contienda fue perdonado por Carlos I. Se volvió a dar el mando a Juan de Padilla pero la situación había cambiado. La iniciativa la tenían las fuerzas leales. La batalla decisiva se produjo el 23 de abril de 1521 en Villalar, donde la derrota comunera fue total y los cabecillas Padilla, Bravo y Maldonado fueron apresados y ejecutados sobre el propio terreno al día siguiente. Aunque la resistencia siguió, sobre todo en Toledo, las esperanzas comuneras se habían esfumado.

Las tropas imperiales entraron en Tordesillas el 6 de diciembre de 1520, procediendo al saqueo de la villa y a la «liberación» de Juana, tras lo cual se volvió a la normalidad anterior: regresó el marqués de Denia, regresaron las sirvientas de la reina...

Otra revuelta coincidente en el tiempo pero que tuvo menor importancia y virulencia fue la de las Germanías, y sobre todo, tuvo una menor influencia en Juana, puesto que en ningún momento llegaron a entrar en contacto con ella. Era un movimiento de protesta de los gremios artesanales valencianos contra la nobleza y los grandes mercaderes de la zona, que controlaban totalmente el mercado señalando los precios que más les interesaban. Aunque llegaron a derrotar a las fuerzas imperiales en Alfandech el 25 de julio de 1521 (sobre todo aprovechando las armas que desde 1519 se les había permitido tener para luchar contra las incursiones de los piratas berberiscos), fueron dominados poco después, sin que en ningún momento llegara a peligrar la continuidad del poder real, como había ocurrido con los Comuneros.

Siguiendo con la situación en Tordesillas, el marqués-carcelero se dedicó a purgar responsabilidades después de lo sucedido, tomando represalias sobre todos los que se habían puesto del lado de los insurgentes, entre los que incluía a la propia infanta Catalina. Tan seguro estaba de su poder que envió una queja escrita a Carlos I sobre la actitud de su hermana, lo que le valió a ésta una dura reprimenda del emperador. Catalina contestó con una carta rechazando estas acusaciones y quejándose amargamente por el trato que tanto el marqués como la marquesa le dispensaban. Las reclamaciones debieron surtir efecto, pues las condiciones de vida de Catalina cambiaron notablemente durante los cuatro años que todavía permanecería en Tordesillas, disponiendo de dinero propio y mucha mayor libertad de movimiento.

Hasta julio de 1522 no volvió Carlos I a España, entrando en un período en el que visitó con frecuencia a su madre, si así se pueden entender cuatro visitas en tres años; es posible que el mayor número de visitas fuera para comprobar que las cosas habían vuelto a la normalidad tras la revuelta comunera y detectar cualquier cambio que pudiera alterar el *status* existente. Seguramente se daría cuenta de que la actitud de la reina era de sometimiento y se encontraba resignada a su suerte.

La primera visita tuvo lugar el 2 de septiembre de 1522 y en la primavera siguiente se repitieron hasta tres encuentros. Pero la estancia más larga se produjo el 3 de octubre de 1524, cuando permaneció en Tordesillas más de un mes, concretamente hasta el 5 de noviembre, según todos los indicios para preparar la salida de Catalina hacia Portugal. También aprovechó esta residencia temporal para apropiarse de parte de las joyas de la reina, auténticos tesoros artísticos que sólo eran valorados por su peso en oro o las piedras preciosas engastadas en él, y que en la mayoría de los casos eran separadas para venderlas independientemente y proceder a la fundición del metal precioso. La reina guardaba estos tesoros en varios cofres en sus aposentos, por lo que Carlos ordenó que se extrajeran sin que la soberana se enterara. Para que no notara la diferencia de peso después del saqueo, ordenó que se rellenaran los cofres con ladrillos, lo que puede dar una ligera idea de la magnitud de lo sustraído. La reina, que como ya se ha repetido en alguna ocasión, estaba loca pero no era tonta, se dio cuenta de que algo pasaba y ordenó abrir los cofres. A la vista de los ladrillos, los sirvientes tuvieron que confesar lo que había sucedido: la reina sorprendió nuevamente con uno de sus momentos de lucidez, quedando complacida si las joyas habían servido para ayudar a su hijo. Quizá avergonzado por la reacción de su madre, Carlos ordenó que no se volviera a tocar el tesoro de la reina. En sucesivas ocasiones prácticamente toda la familia real colaboraría para aligerar los cofres, y no precisamente de los ladrillos en ellos almacenados.

El 2 de enero de 1525 salió de Tordesillas Catalina, para reunirse en Portugal con Juan III, dejando a la reina en la soledad más absoluta, rodeada solamente del personal que en teoría debía servirla pero del que se duda seriamente que cumpliera su cometido con fidelidad. ¡Aún le quedaban a Juana más de treinta años de vida! Poco se sabe de sus aficiones, salvo su interés por la música. Aún se conserva en el monasterio de Santa Clara un instrumento musical atribuido a la reina, un realejo, pero sí queda constancia de que en su último viaje a España, para ser reconocida como reina, se hizo acompañar de músicos flamencos que siguieron a su servicio hasta su muerte. Al parecer le gustaba pasar horas y horas oyendo tocar a estos artistas.

Hasta 1527 no volvió Carlos a Tordesillas. En marzo de 1526 se había casado con Isabel de Portugal, hija de María, la hermana de la reina Juana, que era prima carnal de Carlos y por lo tanto sobrina carnal de Juana. Ambos permanecieron en Tordesillas casi quince días. También en 1527 se produjo un acontecimiento que posiblemente ni siquiera fuera comunicado a la reina, para evitar la vuelta de fantasmas que turbaran su velada mente. El rey ordenó al marqués de Denia que cumpliera el deseo de su padre Felipe y trasladara el cadáver a Granada. El traslado se produjo según lo ordenado, y desde entonces sus restos descansan junto al sepulcro de sus suegros, los Reyes Católicos, con los que nunca había estado tan unido. Todavía habrían de pasar casi cincuenta años hasta que se reunieran con él los restos de la mujer a la que había hecho tan infeliz.

La única razón que durante todos los años de estancia hizo abandonar Tordesillas a doña Juana fue una terrible epidemia de peste que asoló gran parte de la provincia de Valladolid. Durante años se habían producido casos de infectados y pequeños focos que en alguna ocasión estuvieron a punto de hacer que la reina

94

dejara su palacio para alojarse en otro lugar más sano. El emperador nunca había sido partidario de este movimiento, esperando a que las distintas infecciones remitieran naturalmente sin necesidad de que tener que hacer el, sin lugar a dudas, costoso y complicado desplazamiento. En las proximidades de Tordesillas hay suficientes y notables poblaciones como para que el traslado se hubiera hecho a alguna de ellas. Comenzando por la capital, Valladolid, seguida de Medina del Campo, a escasos veinticinco kilómetros, o incluso Toro o Medina de Rioseco, a no más de cuarenta, eran poblaciones con adecuados alojamientos como para acoger sin problemas a la reina y su séquito; quizá se trataron de evitar estas poblaciones importantes, o quizá la epidemia se había declarado en ellas, pero el resultado final fue que se sometió a doña Juana a un periplo difícilmente justificable por poblaciones que en la mayoría de los casos se veían desbordadas por la llegada de la ilustre visitante. En las ocasiones anteriores se había barajado ir a Toro y más recientemente a Ampudia, lugar relativamente alejado y que además está próximo a Medina de Rioseco, por lo que no se entiende demasiado bien la elección. En todo caso, finalmente se optó por una decisión peor, como era desplazarse casi sin rumbo con una mujer de más de cincuenta años (de la época), enferma mental y que llevaba encerrada en el mismo lugar casi veinticinco años.

La noticia de la salida de Palacio supuso para la pobre reina un auténtico trauma (¡veinticinco años sin moverse!). Pensó que era algo definitivo y que tenía que deshacerse de todo lo que no necesitara. Para solventar el tremendo problema que para ella representaba todo el vestuario y ajuar que pensaba le sobraba mandó encender una gran fogata delante del palacio y quemar en ella arcones llenos de ropa y calzado. Algunos de los sirvientes, Monteros de Espinosa incluidos, trataron de recuperar alguno de los arcones para su uso personal, pero la reina vigilaba el cumplimiento de sus órdenes, increpándoles e incluso arrojándoles ladrillos para que dejaran que todo se quemara.

Aunque no se conoce la fecha exacta, parece que fue en el verano de 1533 cuando se produjo la salida de Tordesillas. A nadie en su sano juicio, y al marqués de Denia se le suponía, se le hubiera ocurrido desplazarse a tan sólo quince kilómetros, pero esto fue lo que hizo la extraña comitiva, llegando a Geria, pequeño pueblo que en aquella época estaba sobre el camino de Tordesillas a Valladolid. Como era de prever, la peste también llegó a esta pequeña villa, donde la estancia no debió durar más de un mes. En septiembre se decidió el traslado a Tudela de Duero, población de mayor prestancia que pudo absorber la llegada de la corte de doña Juana con menores problemas. Tras unos meses de tranquilidad, en mayo de 1534 se producen en Tudela los primeros casos de peste, ordenándose la marcha hacia Mojados, donde lo más relevante fue la visita de Carlos a su madre. Desde allí se produjo al poco tiempo el regreso a Tordesillas, sin que se sepa, a ciencia cierta, si la reina recibió con agrado la noticia o todo lo contrario, pero lo que cierto es que ya no dejaría esta villa hasta su viaje para reunirse con su amado Felipe. Pero para eso aún pasarían veintiún años hasta su muerte y dieciocho más hasta que su nieto, Felipe II, ordenara el traslado de sus restos hasta Granada, previo paso por El Escorial.

Las visitas de Carlos a su madre eran cada vez más espaciadas, no volviendo a verla hasta diciembre de 1536, cuando pasó con ella diez días descansando, junto a su mujer Isabel y sus hijos, Felipe y María. A partir de esa fecha sólo volvió a ver a su madre en tres ocasiones. La primera de ellas el 20 de septiembre de 1538, un solo día, también con la emperatriz; la siguiente debió ser muy triste, puesto que fue en noviembre de 1538, cuando el 1 de mayo de ese mismo año había fallecido Isabel. La última vez que Carlos vio a la reina fue durante tres días de enero de 1542. En 1543 Carlos I dejó España, donde no volvió hasta 1556, cuando ya había abdicado en su hijo Felipe y su hermano Fernando, un año después de que su madre hubiera fallecido.

Por su parte, Felipe II también visitó a su abuela en varias ocasiones. La primera en la visita que realizó con sus padres en 1536;

en la siguiente ocasión acudió acompañado de su primera esposa, María Manuela de Portugal, en noviembre de 1543, que también era nieta de la reina por ser hija de Catalina. Volvió a Tordesillas en 1548, esta vez acompañado de su hermana, la infanta doña María, que iba a asumir la regencia de España.

Reseñar, por último, la visita en 1549 del joven matrimonio compuesto por María, hermana de Felipe II, y Maximiliano, hijo de Fernando I. Ambos eran nietos de Juana y primos carnales. Carlos I quiso que fueran regentes de España, cargo que ejercieron casi durante tres años; fijaron su residencia en Valladolid y desde allí se acercaron en varias ocasiones a cumplimentar a su abuela común. De la primera visita a la reina se conserva en el Archivo de Estado de Viena una carta dirigida por el licenciado Gámiz a Fernando I en la que da cuenta del desarrollo del encuentro con la ya anciana reina. Los nuevos regentes entregaron a Juana, de parte de Fernando, un valioso crucifijo, que la reina recibió con afecto. Como relató Gámiz: *más notando que había llamado a V.M. tres vezes mi hijo cosa que nunca dixo jamás por el Emperador.* Sería conveniente una reflexión sobre este comentario de Gámiz, porque podría ser una exageración para satisfacer y regalar los oídos de su señor. Es posible que la reina todavía guardara algún recuerdo de cuando Fernando era niño y vivió junto a ella, pero es poco probable, puesto que se recordará que no fue por mucho tiempo y en las extrañas circunstancias del periplo por Castilla; por otra parte, ¿había estado Gámiz en todas las entrevistas de Juana con Carlos para afirmar que nunca le llamó hijo? Más bien parece el comentario de alguien que pretende medrar para mantener o mejorar su posición.

VIII. EL FINAL DEL LARGO REINADO

Salvo sus reconocidos problemas mentales, la reina tenía una salud de hierro. Quizá los largos ayunos y en general el evitar los excesos típicos en la alimentación de la nobleza de la época hicieron que su cuerpo tuviera una vida más larga que la media. Su propio hijo, que gustaba demasiado de los placeres de la mesa, llegó a temer que su madre le sobreviviría y prueba de ello es la referencia que incluyó en las instrucciones que dejó a su hijo en 1543:

Bien sé que no es necesario encomendaos que tengas cuidado del servicio y buen tratamiento de la Reina, mi señora, pues la razón os obliga a ello, y también estoy cierto que los que la sirvan le tendrán; todavía os lo acuerdo que le tengáis y encomendéis a los que menester fuere que tengan.

Cuando se inició la década de 1550 el deterioro propio de la edad comenzó a hacerse patente. La reina pasaba ya de los setenta años, edad difícil de alcanzar aún en las mejores condiciones. Hacia 1551 debió sobrevenir algún problema en las piernas que le impedía moverse. No es probable que se tratara de una caída, puesto que se habría hecho mención en alguna carta de algo tan notorio; por otra parte, el marqués de Denia, en carta fechada en el mes de marzo de 1553, dirigida a Carlos I, decía:

El humor que le ha cargado en las piernas la tiene tan impedida que no se mueve de sobre sus almohadas, y esta causa siem-

99

pre creçe la dificultad en el servicio y tratamiento de su real per-
sona, porque no hay horden con Su Alteza que tome algo más de
alivio, teniendo mayor necesidad, que no es pequeña lástima.

Es evidente que se refiere a alguna enfermedad que además afectó a las dos piernas. Pese a todo, no se trataba de una dolencia mortal, pero las condiciones en que convaleció, sin ningún tipo de movimiento, unidas a los limitados medios y medicamentos conocidos para atajar infecciones fueron degradando la salud de la reina. Las llagas fueron apareciendo poco a poco, con lo que Juana sentía grandes dolores cuando sus sirvientas intentaban moverla o asearla, lo que le provocaban violentas reacciones, que eran aprovechadas por su servicio para no limpiarla, tarea que debía ser harto desagradable.

Desde que comenzó a quebrantarse de manera notoria la salud física de la reina la preocupación por su situación religiosa fue en aumento. De niña se había sentido muy atraída por la religión, incluso parece que alguna vez manifestó su interés por hacerse religiosa, pero ya cuando llegó a los Países Bajos fue uno de sus medios de presión, junto con el ayuno, cuando veía que era ninguneada por su amado Felipe; esas negativas a asistir a los actos religiosos fueron vistas con preocupación por su madre, cuya profunda religiosidad no admite dudas, quien envió hasta Flandes a fray Tomás de Matienzo para tener información de primera mano y no a través de intermediarios normalmente interesados; esta visita se había producido en julio de 1498, cuando Juana estaba embarazada de su primera hija, Isabel. En lo que se refiere a su actitud hacia la religión, fray Tomás pudo comprobar que Juana era poco amiga de acudir a la confesión, pero de su estancia en Bruselas el dominico no sacó muchas cosas en claro.

En 1534, durante la estancia de la reina en Tudela de Duero huyendo de la peste, se intentó que fray Tomás de Verlanga la confesara, pero una indisposición de Juana impidió la entrevista. Ya en noviembre de 1538 se intentó que el cartujo fray Pedro Romero de

Ulloa, que ya había confesado a Juana después de morir Felipe «el Hermoso», repitiera la hazaña, pero la reina no quiso ni siquiera recibirle, manifestándole su alegría de que estuviera dispuesto a acudir en caso necesario, asegurándole que le avisaría si lo consideraba oportuno.

En 1535 falleció el marqués de Denia, lo que no supuso ningún cambio significativo, pues su viuda siguió al «servicio» de Juana, continuando con los mismos métodos que su esposo, y al marqués le sucedió su hijo Luis, que a pesar de ser menos estricto que su padre no contradecía lo que su madre ordenaba.

Cuando se aproximaba el fin de Juana, las noticias que llegaban a su hijo sobre la abulia de su madre le preocupaban grandemente, sobre todo porque el estado mental de la reina le hacía sentirse responsable de prepararla para el Juicio Divino. El emperador ordenó que se buscara a la persona más idónea para esta tarea, buen religioso, noble y absolutamente fiel a su persona; sin duda el religioso elegido reunía todas estas virtudes y ya se ha hecho referencia a él cuando tuvo que ver a su admirada emperatriz consumirse dentro de su ataúd: el jesuita Francisco de Borja, duque de Gandía y marqués de Lombay, que sería elevado a los altares, aunque no por sus méritos hacia la reina, pese a que hay que reconocer que no fueron pocos.

No era la primera vez que Francisco de Borja visitaba Tordesillas; más aún, había vivido allí como menino de la infanta Catalina desde 1520 hasta que ésta dejó Tordesillas para convertirse en reina de Portugal. Por lo tanto, la reina Juana ya le conocía y le aceptó de buen grado, aunque habían pasado casi treinta años y aquel niño se había convertido en un jesuita de gran prestigio. En su contra podía pesar que había emparentado con el marqués de Denia a través de su hija Isabel, que se había casado con Francisco, el hijo del marqués, figurando ya en la nómina de la Casa de doña Juana como dueña de la reina.

Como la mayor alteración en la conducta religiosa de Juana consistía en su negativa a confesarse, esta negativa hizo pensar, absurdamente, puesto que probablemente la reina desconocía hasta la existencia de Lutero, que se veía atraída por las doctrinas luteranas, que rechazaban este Sacramento. Este pasaje de su vida intentó ser aprovechado incluso siglos después, cuando el pastor protestante Carlos Araujo Carretero, a mediados del siglo XIX escribió un poema sobre la vida de la reina, incidiendo en este período de rebeldía hacia la religión y tratando de justificarla desde el punto de vista luterano:

> Allí sufre la señora,
> Bajo duro cautiverio,
> Los calores del estío,
> Los rigores del invierno,
> Privada de todo auxilio,
> Falta de todo consuelo,
> A no ser el que recibe
> Del Padre que está en los cielos
> Y de su Santa Palabra,
> Que infunde gozo y aliento.
> Con esta fe salvadora
> De firme arraigo en su pecho,
> No acepta las ceremonias
> Ni ritos que son impuestos;
> No quiere asistir a misa,
> Pensando con buen criterio
> Que implica graves errores
> El sacrificio incruento.
> La confesión le repugna,
> y tiene razón en ello,
> porque el perdón, Dios tan solo
> es quien puede concederlo.

El hecho de que la reina pudiera haber acogido los desvíos religiosos que su hijo combatía ferozmente era algo que no se podía consentir. Ni siquiera que se rumoreara, puesto que daba alas a los reformistas.

Francisco de Borja se entrevistó en varias ocasiones con la reina, tratando en la primera de ellas, en mayo de 1552, de conseguir la confesión. Juana consiguió enredar de tal manera a Francisco que finalmente pareció que el que se había confesado era él, puesto que la reina le sugirió que recitara la fórmula de la confesión general, aceptándola ella como propia; en resumen, se estimó que había consentido la confesión pronunciando un simple sí. Pero este pasaje, que se podía haber considerado anecdótico, ella lo recordaría con todo detalle dos años después, empleándolo como argumento a su favor.

Las visitas de Francisco de Borja se sucedieron, siendo la más importante por su duración y por los acontecimientos que se desarrollaron la que se celebró en 1554, dos años después de la primera. La reina no se mostró en absoluto agresiva o contrariada, sino muy al contrario, expresó su deseo de cumplir fielmente con los preceptos de la Iglesia, pero también aprovechó para tratar de quitarse de encima a sus damas, quienes según ella, eran las culpables directas de su aparente desarreglo religioso. Manifestó que siempre había cumplido con sus obligaciones, pero que las mujeres que la rodeaban estaban haciendo lo imposible por impedírselo; decía que cuando rezaba le quitaban los libros y se burlaban de ella, que escupían sobre las imágenes de santos que tenía y que en el recipiente de agua bendita hacían muchas suciedades; cuando asistía a misa se interponían entre el sacerdote y ella y le daban la vuelta al misal. Pero quizá la parte más expresiva de las quejas que la reina planteó a Francisco de Borja se reflejan en la siguiente carta que el santo envió a Felipe II para informarle de cómo se desarrollaban sus entrevistas:

Diciendo yo a S.A. que dudaba yo que fuesen esas dueñas, dixo: bien puede ser, porque ellas dicen que son almas muertas; y para más prueba de esto, entre otras cosas me dixo que viniendo un día S.A. a visitarla y estando asentada en su silla, vía que hacían lo mismo estas sus dueñas o compañía, haciéndole el mal tratamiento que suelen hacerle a S.A. Otras veces dice que entran en su cámara, y que dice la una que es el Conde de Miranda y la otra el Comendador Mayor; que le hacen muchos menosprecios y muchos ensalmos como si fuesen bruxas. En toda esta plática que duró una hora, habló muy a propósito sin salir de la materia, y jurando una o dos veces la fe, dixo: por la mía, que no por la de Dios.

Todo lo sobre dicho me contó, para que yo se lo dixese a V.A. diciendo: ya que estoy de esta manera, no sean los participantes, sino confiesen y hagan como cristianos, que si esta compañía me quitan, también comulgaré yo. Respondí a S.A. que se daría orden de quitar tan mala compañía, y que si eran sus dueñas que se prenderían por el Santo Oficio de la Inquisición.

Era evidente la intención de la reina. Inteligentemente trató de aprovechar la preocupación por su situación de su alma para quitarse de encima a las mujeres a su servicio, y para ello no dudó en poner un señuelo con lo más valioso que todos estaban buscando: a cambio de que apartasen a las dueñas de su lado ella comulgaría. La oferta era lo suficientemente tentadora como para aceptarla y Felipe II dio orden de que por algún tiempo se cambiara el servicio de la reina. Nuevamente una carta de Francisco de Borja dirigida a Felipe II es el mejor documento para seguir el desarrollo de los acontecimientos:

Vista la respuesta que V.A. ha mandado dar y lo que por ella se manda proveer, se ordenó a las dueñas que no entren a servir a S.A. y a los que entraron a su real servicio se les dio orden para que dixesen a S.A. si preguntaba por ellas, que públicamente se decía que estaban detenidas o presas y que a esta causa dexaban de ir a servir a S.A. Hecho esto yo entré a dar la respuesta de V.A. a la reina nuestra señora, significando el sentimiento que tenía

Los Reyes Católicos y la infanta doña Juana, miniatura de 1482 del Rimado de la conquista de Granada, de Pedro Marcuello.

V.A. de oír las pesadumbres y molestias que le daban las dueñas, por lo cual mandaba proveer lo que arriba está dicho, mostrando yo en ello mucho encarecimiento y vendiendo este servicio a S.A. lo mejor que supe, lo cual fue tan bien recibido que mostró quedar muy servida y contenta.

La actitud de la reina cambió radicalmente. Aun con todo, como el propio Francisco temía la posibilidad de que hubiera malos espíritus en el palacio hizo que el sacristán rociara todos los aposentos con agua bendita. La reina comenzó a asistir a misa sin problemas, e incluso se celebraban en el pasillo próximo a sus habitaciones para evitarse el doloroso desplazamiento.

Las dueñas, por supuesto, no asumieron de buen grado haber sido relegadas de sus funciones y lanzaron acusaciones contra el estado religioso, que no mental, de doña Juana. Las acusaciones a las que San Francisco prestó atención fueron dos: por un lado, la acusaban de haber rechazado dos velas bendecidas alegando que olían mal; por otro lado, decían que en el momento de la consagración durante la misa, cuando el sacerdote alzaba la Sagrada Forma, la reina cerraba los ojos. Ambos sucesos ante las supersticiosas mentes de la época eran signos inequívocos de algún tipo de posesión demoníaca. Como ambas cosas eran fácilmente demostrables se procedió a encender cerca de los aposentos de la reina unas velas bendecidas sin que ésta ni siquiera reparara en ellas; en la primera oportunidad de una celebración religiosa un capellán, debidamente aleccionado, se interpuso entre Juana y el sacerdote que estaba celebrando la misa cuando llegó el momento de la Consagración: la reina le dijo sin contemplaciones que se pusiera a un lado puesto que no la dejaba seguir la ceremonia. Estas sencillas demostraciones llevaron al convencimiento a San Francisco de Borja de que la reina no estaba poseída y que su único problema era mental. Aprovechando la calma relativa alcanzada y el sosiego del que disfrutaba Juana, Francisco trató de volver a confesarla, alegando que llevaba tanto tiempo sin confesarse que podía ser motivo de excomunión; al punto, la reina le respondió que dos años antes él mismo la había absuelto, lo que desarmó totalmente al jesuita.

Cuando la situación parecía haberse normalizado Francisco comunicó a Felipe que se debía restablecer la situación de las damas de compañía, quizá influido porque una de ellas era su hija, pero para evitar los reproches de la reina prefirió dejar antes como confesor a otro padre: fray Luis de la Cruz.

Este nuevo religioso, también de reconocido prestigio, se hizo cargo de sus funciones en mayo de 1554 y cometió el error de todos sus antecesores: pensar que estaba tratando con una retrasada metal en lugar de una desequilibrada. Por eso, como en anteriores ocasiones, se refleja la sorpresa del confesor ante las atinadas respuestas de la reina, que sin lugar a dudas mostraba una inteligencia y una memoria superior a lo normal. Así se refleja en la carta que envió a Felipe II para darle cuenta de sus avances:

Luego que vine aquí por mandado de V.A., después de informado del padre Francisco, entré a visitar a la Reina nuestra señora y preguntome S.A. si tenía a buen recaudo las dueñas, y encargome mucho las castigase con gran rigor. Y para este fin dixo su alteza mil cosas que en deservicio suyo avían cometido, y que le avían impedido el uso de los sacramentos y las devociones de las horas y el rosario y misa y agua bendita. Y que la tenían chusmada; esta palabra decía S.A. muchas veces. Respondí que toda la licencia y atrevimiento que habían tenido en enojar a S.A. nascía de ver que S.A. no recibía los sacramentos ni tractaba de las cosas e nuestra religión, que para semejantes fatigas estaban ordenadas. Respondió S.A. que por cierto, mas no había podido con tal compañía, y díxome luego: Decid, padre, por vuestra vida, sois nieto de Juan Velásquez. Sí, por cierto, señora. Muchas gracias a vos, me respondió, que habéis querido venir a atender en esto, que yo confío que no será como hasta aquí, que me las quitan y luego a tres días tornan a soltarlas, y así no puede hacer la persona lo que conviene a su alma. Yo respondí: señora, más somos los que el Emperador y el Príncipe nuestros señores tienen aquí para servir a V.A. y tractar de su descanso que estas dueñas que a V.A. ofenden; pero como V.A. no se ayuda haciendo lo que católica y cristiana reina y señora nuestra debe, cómo sus criados la podemos servir ni dar contentamiento pues así lo estorba. Respondiome S.A.: por cierto padre, no tenéis razón en ahincar tanto en eso; haced vos lo que debéis y el Príncipe decís que os mandó, que es castigar muy bien a esas deformes sin vergoña, que lo demás dexadme el cargo que yo lo haré.

Se puede apreciar en la carta cómo la reina argumenta correctamente y cuando se ve presionada recuerda al religioso la posición de cada uno, y que no es quién para recordar a la reina sus obligaciones. Vuelve a demostrar su privilegiada memoria al preguntar a fray Luis sobre su abuelo, que había servido en la corte de los Reyes Católicos.

Una de las nuevas acusaciones que Juana lanzaba contra sus sirvientas estaba referida a un animal llamado gato de algalia; se trata de un carnívoro más próximo a las jinetas que a los gatos, de mayor tamaño que éstos y más agresivo que no era extraño encontrar como animal de compañía novedoso en las casas nobles y que probablemente procedían de regalos de los musulmanes. En China se crían para utilizarlos como base de platos típicos y han ocupado las páginas de actualidad por sospecharse que son portadores del virus del Síndrome Respiratorio Agudo Severo que tantos quebraderos de cabeza está produciendo en Asia. La reina contaba que en la corte de sus padres había uno de estos gatos que, al parecer, resultaba especialmente agresivo y había mordido a la infanta de Navarra, a la reina Isabel y al rey Fernando, y que las dueñas habían llevado el gato a Tordesillas para que también la atacara a ella. Aunque es probable que existiera tal gato en la corte de los Reyes Católicos, es indudable que no podía haber vivido más de cincuenta años para atormentarla en 1554. Lo que hoy en día sería evidentemente diagnosticado como esquizofrenia en aquella época adquiría tintes de posesión demoníaca, ante la imposibilidad de una explicación racional. Quizá aporte algo de luz la definición que sobre la esquizofrenia aparece en la *Enciclopedia de Medicina y Enfermería MOSBY:*

> *Integrante de un importante grupo de enfermedades psicóticas caracterizadas por una gran distorsión de la realidad con trastornos del lenguaje y la comunicación, aislamiento de la interacción social y desorganización y fragmentación del pensamiento, la percepción y las reacciones emocionales. Con frecuencia hay también apatía y confusión, delirios y alucinaciones, formas de lenguaje peculiares con evasividad, incongruencia y ecolalia, conducta extraña, regresiva y aislada y labilidad emocional. Este trastorno puede ser leve o requerir una hospitalización prolongada. No se conoce su etiología, aunque por lo general se invocan factores genéticos, bioquímicos, psicológicos, interpersonales y socioculturales. El tratamiento consiste en la administración de tranquilizantes y antidepresivos junto con ansiolíticos. La terapia ambiental y la psicoterapia de grupo pueden resultar extraordinariamente útiles para conseguir un ambiente adecuado en el cual el paciente pueda ponerse en contacto con la realidad, aumentar su capacidad de comunicación con los demás y aprender a adaptarse al estrés.*

Ningún tratamiento ni terapia se aplicó a la reina, sin duda porque se desconocían estas técnicas, sometiéndola a un aislamiento totalmente contraproducente que le hizo encerrarse cada vez más en sí misma.

A lo largo de las entrevistas, fray Luis de la Cruz fue haciéndose la misma idea que San Francisco de Borja: la reina era una pobre demente a la que no se le podían exigir responsabilidades religiosas de ningún tipo, por eso, cuando finalizó sus entrevistas con ella escribió a Felipe II: *su alteza está tan sincera y inocente de pena y culpa que verdaderamente es más de haberle invidia que lástima.*

Este último dictamen parece que tranquilizó la conciencia de Felipe, sin que se tengan noticias de que siguiera insistiendo. A partir de entonces el deterioro físico siguió su curso. Antonio Rodríguez Villa, en su ya citado libro sobre Juana, recoge una parte del informe que el médico de la reina, doctor Martín de Santa Cara, natural de Olite, elaboró por orden de Carlos I y que da una idea clara del suplicio que padeció la desgraciada Juana hasta los últimos momentos de su dilatada vida:

Y como hubiese más de dos años que S.A. estaba tollida e impedida de todo movimiento de la metad del cuerpo abaxo. Estaba muchos días acostada de un lado sin moverse, y más en estos días que, por estar el lado debaxpo tan sentido, no consentía que la moviesen y allí hacía la orina y estiércol y pasaba algunos días sin consentir que la limpiase, de donde tornaron a hacerse llagas peores. Fue necesario hacerle alguna fuerza a S.A. para limpiarla y curarla y ponerla en cama limpia, y entonces se le pareció, al tiempo de volverla, una llaga baxo en la nalga izquierda, algo negra malignada, que llamamos cancrena, con poco sentido, y luego se proveyó en sajarla y lavarla poner su ungüento egipcíaco. Y al otro día, viendo que la corrupción iba adelante y que ya se podía decir fuego de san Antón, que nosotros llamamos estiómeno, fue menester aplicarles tres o cuatro cauterios de fuego, y con esto y otros beneficios se atajó el fuego y fue la llaga mejorando. Y como los otros remedios universales de sangría y farmacia, en tal caso necesarios, no tenían lugar en S.A. por no consentirlos, y la calentura estaba siempre muy crecida, dende a seis o siete días, no consintiéndose se volver del otro lado ni buenamente limpiarse, se le hizo otra llaga mayor en la otra nalga de la misma cualidad y especie que la otra; ésta no se pudo tan bien corregir como la otra y se la hicieron otras pequeñas en

110

*derredor, y de aquí fue perdiendo el comer y la virtud enflaque-
ciendo.*

Sobran comentarios para entender que el final fue un auténtico
suplicio. Cuando parecía que era inminente el fallecimiento se
llamó nuevamente a Francisco de Borja, que permaneció con la
reina hasta que expiró. Otra vez se planteó una duda religiosa:
¿estaba la reina en condiciones de recibir la Eucaristía? Parecía evidente que no, ya que seguía negándose a ser confesada, pero San
Francisco no se atrevió a tomar esta decisión, por lo que fue necesaria la comparecencia de fray Domingo de Soto, prestigioso teó-
logo de la Universidad de Salamanca. La opinión de este religioso
fue que Juana no podía recibir la Eucaristía, pero sí que se le debía
administrar el sacramento de la Extremaunción, puesto que no
requería ni siquiera la consciencia del enfermo. La noche del 11 de
abril de 1555, viendo que se acercaba inexorablemente su fin, le fue
administrado el viático y a las seis y media de la mañana del día 12
de abril, festividad de Viernes Santo, exhaló su último aliento. Junto
a la reina estaban el marqués de Denia, Francisco de Borja, el doctor Santa Cara y fray Domingo de Soto. Ninguno de ellos era familiar directo de la fallecida. Según los relatos de los testigos, las últimas palabras de la reina fueron: *Jesucristo crucificado ayúdame*
(según el marqués de Denia) o *Jesucristo crucificado sea conmigo*
(según San Francisco de Borja).

El Ayuntamiento de Tordesillas estuvo a la altura de las circunstancias, decretando diez días de luto oficial, tal y como se
recoge en el extracto del acta en que se dio cuenta al Municipio del
fallecimiento de la reina y que fue publicado por Eleuterio
Fernández Torres en su libro *Historia de Tordesillas:*

*Y los dichos omes Justicia y regidores y procuradores... por
ende mandamos que todas las mujeres de esta villa no se pongan
e traigan vestimentas... sino negras... no tañan panderos ny hagan
bayles ni danzas... ny muestren contento ny alegría mas a los hom-*

111

bres de esta villa... que no vistan paños de color ny pañuelos, ny
gorras ny birretes de color ny sedas ny tañan vihuelas ny guitarras
ny otro instrumento alguno ni canten por las calles en bodas ni
misas nuevas ni otros regocijos... durante diez días.

Ni siquiera el día del entierro, celebrado tres días después del
fallecimiento, se trasladó a Tordesillas ningún familiar de la reina,
a pesar de que su nieta Juana y su biznieto Carlos se encontraban
en aquellas fechas en Valladolid.

Los personajes más notables que asistieron al traslado de su
cuerpo hasta el monasterio de Santa Clara, donde fue enterrado,
fueron el condestable de Castilla, el obispo de Pamplona y el
obispo de Zamora. Un pobre cortejo para la soberna de las posesiones donde nunca se ponía el sol.

Debieron de transcurrir casi veinte años más hasta que se procediera a llevar el cadáver hasta Granada, donde debía reunirse con
el de su marido. Es interesante la cédula que Felipe II firmó para el
traslado de los restos, también recogida por Eleuterio Fernández
Torres en el libro sobre la historia de Tordesillas y que se conserva
en el propio convento de Santa Clara:

Venerable y devota abadesa monjas y convento del monaste-
rio de Santa Clara la Real de la villa de Tordesillas, ya que sabéis
como a quinze de abril, del año passado de quinientos y cincuenta
y cinco se depositó en ese monasterio el cuerpo de la Católica
Reyna Doña Ju.ª mi señora abuela, que Sancta gloria aya, para
que estuviesse en el depósito hasta que se llevasse y trasladasse,
a la parte y lugar donde havía de ser su enterramiento y que asi
lo recibisteis y porque agora havemos acordado que el dicho
cuerpo se lleve a la Capilla real de Granada para que allí se pnga
y entierre con el del Rey Don Philippe mi señor y abuelo que sea
en gloria Os encargamos y mandamos que luego que con esta nra
cédula fueredes requeridas deys y entregueys el dcho cuerpo Real
Al Rdo. en chro padre Obpo de Salamanca del nro consejo y Al

112

marqués Aguilar del nro consejo de estado a quien havemos nom-
brado para que lo reciban y traygan a su cargo y vengan en su
acompañamiento hasta el monasterio de Sanct, Lor.º el Real
donde les ordenaremos lo que han de hacer que con esta nra
celula y testimonio de scrivano de la entrega que hizieredes del
dicho cuerpo os damos por libre y quitos del y del dicho deposito
fecha en San Lor.º el real Á XXXI de dezic. de mill y quis. y setenta
y tres.

Después de casi sesenta y cinco años en Tordesillas, entre viva
(si a aquello se le podía llamar vida) y fallecida, ¿qué quedó de la
reina en la villa? Eleuterio Fernández Torres hizo un pequeño
inventario en 1905. El objeto de mayor valor, al menos afectivo
para el pueblo de Tordesillas, es la Virgen de la Guía, patrona de
la villa, cuya imagen, según la tradición, acompañó a Francisco
Pizarro en sus conquistas en Perú y que regaló a doña Juana
cuando regresó a España. La reina la hizo instalar en San Antolín,
a donde podía acudir con facilidad. Desde entonces ha permanecido entre los tordesillanos, siendo proclamada patrona el 24 de
septiembre de 1731, celebrándose su festividad todos los años el
8 de septiembre. A esta pieza le sigue en importancia un collar de
esmeraldas de gran calidad, con engarces y eslabones de oro; en
uno de sus extremos está cortado bruscamente, por lo que es posible que fuera más largo en sus orígenes y que realmente se tratara
de un cintillo. Esta joya también se depositó en San Antolín.

En Santa Clara quedó una mayor cantidad de objetos, algunos
de ellos de uso diario, siendo su mayor valor el histórico.
Comenzando por los más importantes, seis candeleros de plata de
setenta centímetros de alto, con las armas reales; dos cálices también de plata labrados a cincel, uno de ellos con relicarios en el
pedestal, el otro, de plata dorada, que lleva inscrito en la copa
calicen salutmer adcipia ed (aunque no está escrito en correcto
latín debe corresponder con la invocación «tomaré el cáliz de la
salvación»). Entrando en los objetos menos valiosos destacaba un

113

brasero de peltre (¿quizá el mismo que el señor Foro reparó en su fragua tordesillana a principios del siglo XX?) con una paleta en forma de vieira; una especie de blandón constituido por una base de madera tosca que sujetaba una barra de hierro de metro y medio, terminando el artilugio en una especie de farol de tres caras de chapa, abierto por la parte superior, dentro del cual había un candelero para una vela; este artilugio se debió construir específicamente para proteger la llama de la vela del viento, por lo que es muy posible que fuera utilizado para acompañar al cadáver de Felipe «el Hermoso» por los campos castellanos. Por último, se encontraba un maravilloso instrumento musical denominado realejo, que consistía en un pequeño órgano manual portátil, que sin duda la reina sabía tocar, aunque es posible que normalmente fuera utilizado por alguno de los músicos flamencos. Éste era todo el legado de una reina que tuvo junto a ella arcones llenos de tesoros que familiares y sirvientes fueron esquilmando de manera inmisericorde, incluso después de fallecer la infeliz señora.

Para finalizar este balance, el lector puede visitar, no el palacio de la reina, que como ya se dijo fue destruido en el siglo XVIII, pero sí la iglesia de San Antolín, hoy convertida en museo, y parte del convento de Santa Clara, en concreto las zonas no sometidas a clausura, como son los restos mudéjares del palacio de Pedro «el Cruel» y la maravillosa iglesia anexa, donde tantos años permaneció el féretro de Felipe «el Hermoso» y después el de Juana. Comenzando por la visita a San Antolín, pocos vestigios, por no decir ninguno, quedan de la reina. La amable encargada del museo atenderá sin duda la curiosidad del visitante. Al parecer, el famoso collar de esmeraldas fue sustraído junto con otras joyas en un robo aún sin resolver que se perpetró a mediados del siglo pasado. Es muy agradable la subida a la terraza, para lo que hay que pasar por la capilla de los Alderetes, presidida en su centro por el sepulcro de don Pedro de Alderete, obra maestra en alabastro de Gaspar de Tordesillas, fechada en 1550. Subiendo las escaleras de caracol, en su último tramo se descubre el pequeño balcón de la reina, donde es muy probable que jamás se asomara. Una vez en la terraza la magnífica panorámica permite observar el horizonte en todas las direcciones a kilómetros de distancia, sobre todo en dirección sur. Una perspectiva similar debió de tener el palacio de la reina. No se debe abandonar el museo sin contemplar la *Inmaculada Concepción* de Pedro de Mena, una de las tallas de la Virgen más inolvidables.

Al salir del museo es posible que el visitante repare en una escultura moderna que seguramente pasó desapercibida a la entrada, por encontrarse en lo que todavía hoy se denomina palacio alto; se trata de la figura de cuerpo entero de doña Juana, con la corona que la acredita como reina en una mano y a sus pies, a su lado derecho, la representación del globo terrestre. Es obra del escultor Hipólito, que la realizó en 2003.

Estando tan cerca, son también visita obligada las llamadas Casas del Tratado, donde se supone fue firmado el Tratado de Tordesillas, aunque ya se expuso la opinión al respecto. Precisamente en una de sus salas se encuentra una reproducción del dibujo que Felipe II encargó a Anton van den Wyngaerde y que desdice que allí se firmara el famoso Tratado. Es preciso desandar parte de lo andado para dirigirse a Santa Clara. En el camino se pasa delante de un bloque de viviendas que ocupa la mitad del solar que debió ocupar el palacio y a continuación se encuentra otro edificio más antiguo, sede del Círculo Católico, que ocupa la otra mitad del solar; frente a ambos edificios el pequeño parque que recuerda en su nombre sus orígenes: el palacio. Pero se debe seguir, después de contemplar una vez más el puente medieval sobre el Duero, para llegar al convento.

La visita a Santa Clara es guiada, y las referencias a la reina Juana reiteradas, aunque el único vestigio de su presencia es el realejo, protegido por una vitrina de cristal y, según la guía, restaurado y en perfectas condiciones de uso. Realmente no hay ningún otro objeto expuesto que se atribuya a la reina, aunque consta la existencia del denominado cáliz de doña Juana anteriormente descrito, pero guardado en dependencias no visitables. El recorrido finaliza en la iglesia, de estilo gótico. En una de sus capillas, la de los Saldaña, se encuentra un sepulcro en el suelo, sin marcas, dibujos o inscripciones, donde supuestamente fue enterrada doña Juana, permaneciendo allí hasta su traslado a Granada.

IX. MADRE DE REYES

Aunque seguramente Juana no fue consciente de ello, sus hijos tuvieron el privilegio de reinar en prácticamente toda Europa, aunque con suerte desigual.

Es obligado comenzar por Carlos, del que poco se puede añadir en un libro dedicado a su madre; fue rey de España desde 1517 hasta 1556 (aunque desde 1516 hasta 1555 de manera irregular debido a la presencia de su madre) y emperador de Alemania desde 1520 hasta 1556. Para muchos fue el mayor soberano de Europa y el primer defensor de su unidad. Fue Carlos I de España y V de Alemania, aunque habitualmente se le conoce como Carlos V, quizá porque él mismo se sentía más legitimado como emperador de Alemania, sobre todo mientras vivió su madre, la legítima reina de España. Se casó con Isabel de Portugal; de este matrimonio nacieron Felipe, María y Juana; la emperatriz murió en 1539 como consecuencia de un parto prematuro en el que dio a luz un niño muerto. Carlos no se volvió a casar, pero tuvo varios hijos, siempre fruto de su relación antes o después de su matrimonio con Isabel, a la que nunca fue infiel; ya se ha expuesto su relación con Germana de Foix, pero además tuvo amores con Juana van der Gheyst, de los que nació Margarita; de la madre de su siguiente hija, Juana, apenas se tienen noticias, la niña fue ingresada en un convento en Madrigal de las Altas Torres casi recién nacida, falleciendo con tan sólo tres años; con Ursolina della Penna, belleza italiana que vivía en Bruselas, tuvo a Tadea; estas relaciones fueron anteriores a su matrimonio; posterior a éste, cuando Isabel ya había fallecido, tuvo amores con Bárbara de Blomberg, de cuya relación nació el que sería conocido como don Juan de Austria. En 1556 abdicó en su hijo Felipe y su hermano Fernando. Carlos murió en su retiro del monasterio de Yuste el 21 de septiembre de 1558.

El segundo hijo varón, Fernando, vivó gran parte de su vida a la sombra de su hermano y pendiente de las posesiones y títulos que éste quisiera concederle; las primeras fueron los ducados austriacos; en 1531 fue nombrado por Carlos rey de Romanos. El tiempo que había permanecido con su abuelo Fernando «el Católico» le hizo adquirir un bagaje que le fue muy útil para afrontar las tareas de gobierno. Estuvo a punto de no ser designado emperador por su hermano, en beneficio de su sobrino Felipe, pero los graves problemas que Carlos tuvo con los protestantes le convencieron de que era mejor la división de todos sus dominios para hacerlos más gobernables. El 14 de marzo de 1558 Fernando fue nombrado emperador, cargo que ocupó hasta su muerte el 24 de julio de 1564. Se casó con Ana de Hungría, con la que tuvo 15 hijos, entre ellos su sucesor Maximiliano II. Gracias a su matrimonio heredó los reinos de Moravia, Hungría y Bohemia. Aunque había nacido en España, desde su salida en 1518 nunca regresó.

Leonor, la hermana mayor, siempre estuvo muy unida a Carlos. Permanecieron juntos en la corte de Malinas, educados por su tía Margarita de Austria, hasta que salieron hacia España para que Carlos se hiciera cargo de sus posesiones. Se casó con el rey portugués Manuel «o Venturoso», que ya había estado casado con las dos tías de Leonor, hermanas de la reina Juana, Isabel y María. Con Manuel tuvo una hija, María, aunque el soberano portugués no aguantó un tercer matrimonio, dejando viuda a Leonor en 1521. Sorpresivamente Leonor abandonó la corte portuguesa dejando allí a su hija María con tan sólo un año de edad. De regreso a España, su hermano Carlos la incluyó en el Tratado de Madrid, firmado con un Francisco I prisionero, según el cual se desposaría con el rey de Francia, pero cuando quedó en libertad se sintió poco obligado a cumplir dicho tratado. En cualquier caso el francés se casó con Leonor en 1530, aunque nunca la trató como a su consorte.

Cuando Francisco I murió, Leonor regresó con su hermano y le acompañó hasta su retiro en Yuste; allí sintió añoranza de la hija que había dejado en Portugal y concertó con ella una entrevista en Badajoz. Tras la reunión, en la que sufrió todos los reproches de su hija abandonada, su salud quedó tan quebrantada que falleció a los pocos días, en 1558.

Isabel, inmediatamente menor que Carlos, a la edad de catorce años fue casada con el rey de Dinamarca, Noruega y Suecia Cristian II. Tras duras revueltas en Suecia y Dinamarca la pareja real tuvo que abandonar sus reinos y buscar asilo en Flandes. Isabel murió en 1526, con apenas veinticinco años.

María, se casó con Luis II rey de Hungría. Este valiente rey trató de frenar la expansión turca con todas las fuerzas a su alcance, enfrentándose a los turcos en Mohacs el 28 de agosto de 1526, siendo aniquilado su ejército con él a la cabeza. María regresó junto a su tía Margarita, que la había educado desde su infancia, y la sustituyó unos años después como gobernadora de los Países Bajos, en un período en el que tuvo que hacer frente a los afanes expansionistas franceses. Medió entre sus hermanos Carlos y Fernando para la sucesión del primero como Emperador llegando en Augsburgo, en el año 1551, al acuerdo de que el heredero sería Fernando, pero que a éste le sucedería su sobrino Felipe. Viajó por primera vez a España acompañando a su hermano Carlos hasta Yuste y falleció en Cigales poco después que Carlos, el 18 de octubre de 1558.

Catalina, la única compañía de su madre durante largos años, se casó en 1525 con Juan III, rey de Portugal. Tuvieron nueve hijos, siendo el primogénito el príncipe Juan. Juan se casó con Juana de Austria, hija de su hermano Carlos, quienes tuvieron un hijo llamado Sebastián. Juan murió antes de reinar y Juana dejó Portugal en 1554 para hacerse cargo de la regencia de España por encargo de su padre. Cuando Juan III murió, Juana trató de reivindicar la regencia de Portugal como madre del futuro rey, Sebastián, pero Carlos I, ya desde su retiro de Yuste, se puso del lado de su hermana Catalina, que ejerció la regencia hasta la mayoría de edad del pequeño rey.

La política matrimonial iniciada por los Reyes Católicos siguió siendo desarrollada por Carlos I para aumentar el área de influencia. Si algo se puede criticar de esta política, sin valorar consideraciones afectivas, fue el problema que a medio plazo acabó con la dinastía de los Austrias en España: la endogamia. Felipe II era hijo de dos primos carnales; a su vez se casó con su prima carnal María de Portugal, hija de su tía Catalina. Su primogénito fue el príncipe Carlos, quien desde pequeño mostró serios problemas mentales y murió encerrado por su padre. La cuarta esposa de Felipe II, y a la postre la madre del heredero de la Corona, fue Ana de Austria, hija de Maximiliano II y María de Austria, es decir, de un primo y una hermana de Felipe II. Los tres primeros hijos que tuvieron fallecieron antes de cumplir ocho años y el cuarto fue el que reinaría como Felipe III, pero ya era evidente que la consanguinidad había producido un deterioro que significaría el fin de la dinastía.

La enfermedad mental de la propia Juana es muy probable que procediera de antecedentes familiares y tuviera consecuencias posteriores: su abuela materna, Isabel de Portugal, pasó el final de su vida totalmente demente, recluida en el Castillo de Arévalo, y el triste caso de su biznieto Carlos ya ha sido comentado. Desventurado sino de una dinastía que, pese a dar a España la mayor grandeza que jamás haya conocido, también fue el origen de su declive.

EPÍLOGO

La reina Juana I de Castilla fue probablemente uno de los personajes más desgraciados de la Historia de España. La época que le tocó vivir, en la que se estaban formando las fronteras de Europa, no era la más adecuada para mostrar síntomas de debilidad. Sus seres más queridos, marido, padre e hijo, por este orden, la apartaron del poder sin ningún miramiento. Quizá su padre le dio la oportunidad de haber tomado alguna iniciativa, pero ella misma se negó. Fue utilizada para legitimar la detentación del poder de cada uno de ellos. En el caso de su marido y su padre, la necesitaban para garantizar su control sobre Castilla. Su hijo nunca agradeció que su pasividad permitiera que su reinado sobre España siguiera después de la revuelta de los Comuneros.

Aunque se suele tener la tendencia de enmascarar la triste realidad de esta mujer tras una pátina de romanticismo que lleva a considerar que sus trastornos o bien no existían o habían sido motivados por el amor enfermizo hacia su marido, hay pruebas suficientes de que padecía una grave esquizofrenia. Por supuesto, las condiciones en las que vivió no fueron las más adecuadas para que su enfermedad mejorara, porque salvo el cariño de su madre no fue precisamente afortunada en el aspecto afectivo; ni su marido, ni su padre ni su hijo mostraron hacia ella ningún aprecio, es más, en muchas ocasiones emplearon en su contra una dureza rayana en la crueldad, lo que no cabe duda que contribuyó a agravar su mal y a que no tuviera el sosiego que se merecía. En cualquier caso, también es preciso reconocer que siempre tuvo a su alrededor médicos y religiosos que se debían ocupar de su salud física y espiritual, pero indudablemente la locura era un mal que no se sabía tratar adecuadamente y que en muchos casos, como también ocurrió con Juana, se achacaba a la maligna intervención del Diablo.

Durante su larga vida se le presentaron varias oportunidades (hay que reconocer que fueron escasas) en las que pudo dar un giro al rumbo de los acontecimientos y asumir todas las responsabilidades y privilegios que legalmente le correspondían, pero no fue capaz de hacerlo, evitando tomar decisiones sistemáticamente.

Por otra parte, a lo largo de todo el siglo XVI no hubo Casa reinante en Europa que no estuviera emparentada con ella y le cupo el honor de ser, nominalmente, el primer soberano de España, título habitualmente olvidado.

Por todo ello, existe una deuda moral con esta desgraciada mujer, quien, al menos, debería ser recordada con su título oficial de Juana I de España.

CRONOLOGÍA COMPARADA

1479
— El 6 de noviembre nace en Toledo Juana, la tercera hija de los Reyes Católicos.

— Fernando «el Católico», rey de Aragón tras el fallecimiento de su padre Juan II.

— Unión de las coronas de Castilla y Aragón.

— Tratado de Alcaçobas, por el que el rey Alfonso V de Portugal renuncia a sus aspiraciones sobre el Reino de Castilla.

— Muere Jorge Manrique.

— El rey danés Cristian I funda la Universidad de Copenhague.

1492
— Capitulaciones de Santa Fe entre los Reyes Católicos y Cristóbal Colón.

— Tratado de Granada entre los Reyes Católicos y los reyes de Navarra.

— Finaliza la Reconquista con la incorporación del Reino de Granada a la Corona de Castilla.

— Decreto de bautismo o expulsión contra los judíos.

— Inglaterra y Francia terminan la guerra con la Paz de Etaples.

— Ladislao II Jagellón, rey de Hungría.
El navegante genovés Cristóbal Colon descubre América.

— Martín Beheim, cosmógrafo alemán, construye el primer globo terráqueo.

— Fernández de Lugo conquista Las Palmas.

1496 — El 21 de agosto parte hacia los Países Bajos para casarse con Felipe «el Hermoso».

— El 14 de octubre contraen matrimonio en Lille.

— Conquista de Tenerife.

— Rusia invade Finlandia alcanzando el golfo de Bothnia.

— Suecia captura y saquea Ivangorod.

— Comienza la reforma eclesiástica del cardenal Cisneros.

— El papa Alejandro VI da a los reyes de Castilla y Aragón el sobrenombre de «Católicos».

— Se publica el *Cancionero* de Juan de la Encina.

1498 — El 15 de noviembre nace en Lovaina su primera hija.

— Leonor, futura reina de Portugal y de Francia.

— Los judíos son expulsados del Reino de Navarra.

— Nace en Zaragoza don Miguel, hijo de la reina Isabel de Portugal, hija de Isabel "la Católica". La madre muere en el parto.

— El emperador Ahuitzotl extiende el control azteca hacia el sur de México.

— Muere Carlos VIII, rey de Francia y accede al trono Luis XII, duque de Orleans.

— El navegador portugués Vasco de Gama alcanza la India.

— Colón comienza su tercer viaje a América.

— El dominico Savonarola es condenado a morir en la hoguera.

— Miguel Ángel comienza a esculpir *La Pietà*.

1500 — El 24 de febrero nace en Gante su segundo hijo, Carlos que será conocido como Carlos I de España y V de Alemania.

— El 20 de julio fallece el príncipe don Miguel, lo que convierte a Juana en heredera de los Reinos de Castilla y Aragón.

— Sale de Málaga con destino a Italia una gran escuadra al mando de Gonzalo Fernández de Córdoba, el Gran Capitán.

— España y Francia firman el Tratado de Granada por el que se reparten el Reino de Nápoles.

— Accede al poder la dinastía Safawí en Persia.

— La tribu turcomana de los kazakos ocupa el área sur y este de los Urales.

— Luis XII de Francia invade Italia.

— El explorador Vicente Yáñez Pinzón recorre la desembocadura del Amazonas y llega a las costas de Brasil.

— Nace Rodrigo Gil de Hontañón, arquitecto del plateresco.

— Juan de la Cosa realiza el primer mapa da las tierras americanas.

1501 — El 27 de julio nace su tercera hija, Isabel, futura reina de Dinamarca.

— Matrimonio de Arturo, príncipe de Gales con la princesa Catalina, hija de los Reyes Católicos.

— Alejandro I, rey de Polonia.

— El ejército persa de Ismail ocupa Tabriz.

— Miguel Ángel termina en Florencia la escultura el *David*.

— Nace en Toledo el poeta Garcilaso de la Vega.

1502 — El 27 de mayo, Juana es jurada en la catedral de Toledo como heredera de la Corona de Castilla.

— Felipe «el Hermoso» regresa a los Países Bajos, quedando Juana en España.

— Comienza el traslado de esclavos africanos a América.

— Sube al trono el soberano azteca Moctezuma II.

— En Persia, Ismail, jefe de los chiítas safávidas, se proclama sha.

— Cuarto y último viaje de Cristóbal Colón a América.

— Se funda la Universidad de Wittenberg.

125

1503 — El 10 de marzo nace en Alcalá de Henares Fernando, su cuarto hijo, futuro emperador del Sacro Imperio Romano Germánico con el nombre de Fernando I.

— Juana se enfrenta a su madre Isabel, hasta conseguir la promesa de regresar en primavera a Bruselas.

— Se crea en Sevilla la Casa de la Contratación de las Indias.

— Victoria del ejercito español sobre el francés en la batalla de Ceriñola. Es considerada como la primera batalla en la que las armas de fuego fueron decisivas.

— Batalla de Garellano en la que el ejercito español derrota al franco-italiano en las proximidades del río italiano del que toma el nombre.

— Mueren envenenados el papa Alejandro VI y su hijo César Borgia.

— Julio II elegido nuevo papa.

— Leonardo da Vinci pinta *La Gioconda*.

1504 — Juana se convierte en reina de Castilla tras el fallecimiento de su madre, Isabel «la Católica», el 26 de noviembre.

— Fernando «el Católico» recupera Nápoles para la Corona española.

— Gonzalo Fernández de Córdoba, el Gran Capitán, es nombrado virrey de Nápoles.

— El pintor Rafael realiza *Los desposorios de la Virgen.*

1505 — El 15 de septiembre nace en Bruselas su quinta hija, María, futura reina de Hungría.

— Se promulgan las Leyes de Toro.

— Concordia de Salamanca en donde se establece el gobierno en conjunto de don Fernando, doña Juana y don Felipe.

— España y Francia firman el Tratado de Blois.

— El rey Juan de Dinamarca nombra a su hijo Christian regente de Noruega.

— Muere Iván III «el Grande» de Rusia y le sucede su hijo Basilio III.

— Nace San Francisco Javier.

1506 — El 27 de junio Fernando «el Católico» firma el Acuerdo de Villafáfila por el que se retira del Reino de Castilla.

— El 12 de julio las Cortes, reunidas en Valladolid, juran a doña Juana como reina de Castilla y a don Felipe como rey de Castilla.

— El 25 de septiembre muere en Burgos Felipe «el Hermoso».

— Consejo de Regencia presidido por el arzobispo de Toledo, Francisco Jiménez de Cisneros.

— Una grave epidemia de peste hace estragos en España.

— Carlos es nombrado conde de Flandes y señor de los Países Bajos.

— Fallece en Valladolid, el navegante Cristóbal Colón, descubridor de América.

— Fernando Yáñez de la Almedina pinta el *Retablo de San Cosme y San Damián* para la catedral de Valencia.

1507 — El 14 de enero nace en Torquemada la sexta hija de Juana e hija póstuma de Felipe «el Hermoso», Catalina, futura reina de Portugal.

— El 29 de agosto primer encuentro de Juana y su padre, Fernando «el Católico» tras la muerte de su esposo Felipe.

— Comienza la regencia de Fernando.

— Segunda regencia de Fernando «el Católico» con Cisneros.

— Martín Waldseemuller, geógrafo alemán, propone el nombre de América para el nuevo continente en honor del navegante florentino Amerigo Vespucci.

— Leonardo de Vinci es nombrado pintor de la corte del rey Luis XII de Francia.

1509 — La reina Juana llega en el mes de febrero a Tordesillas que será su residencia definitiva,

— Fernando nombra a mosén Ferrer jefe de la Casa de Juana.

— Enrique VII de Inglaterra pretendiente de Juana, fallece de tisis.

— Toma de Orán y conquistas españolas en el norte de África.

— Se crea el Consejo de Indias.

— Tras la muerte del rey Enrique VII, accede al trono de Inglaterra Enrique VIII.

— Simón de Colonia realiza el sepulcro de Pedro Fernández de Villegas en la catedral de Burgos.

— Nace el arquitecto Andrés de Vandelvira.

— Rafael pinta *La Escuela de Atenas*.

1516 — Fallece en Madrigalejo Fernando «el Católico». El cardenal Cisneros queda como regente de Castilla y el obispo de Zaragoza, de Aragón. Juana se convierte en reina de España.

— Carlos se hace nombrar en Bruselas rey de Castilla, León y Aragón.

— El cardenal Cisneros nombra como jefe de la Casa de la Reina a don Hernán, duque de Gandía.

— Se consolida la reciente incorporación del Reino de Navarra.

— Se instaura la Casa de Habsburgo o Austria.

— Tratado de Noyon por el que Carlos I de España firma la paz con el rey Francisco I de Francia reconociendo el control francés sobre Milán y el español sobre Nápoles.

— El emperador Maximiliano firma la paz con Francia en el Tratado de Bruselas.

— Erasmo de Rotterdam publica la *Doctrina del Príncipe cristiano*, dedicada a Carlos I.

— Tomas Moro escribe *Utopía*.

1517 — Carlos I visita por primera vez a su madre en Tordesillas.

— El sultán del Imperio otomano, Selim I conquista Egipto.

— Se imprime en Alcalá de Henares la *Biblia Políglota Complutense*.

— Lutero publica sus 95 tesis contra las indulgencias en Wittenberg. Comienza la Reforma en Alemania.

1518 — Carlos I nombra jefe de la Casa de su madre al marqués de Denia, don Bernardo de Sandoval y Rojas.

— Reunidas las Cortes en el convento de San Pablo de Valladolid, hicieron jurar a don Carlos guardar los fueros y libertades de Castilla.

— Inglaterra, Francia, España y la Santa Sede firman la Paz de Londres contra el Imperio otomano.

— Zuinglio inicia la Reforma protestante en Suiza.

1520 — El 24 de agosto, los Comuneros entran en Tordesillas con la intención de que la reina encabece su revuelta. El marques de Denia es expulsado de la Villa.

— El 6 de diciembre los Imperiales recuperan Tordesillas. La reina vuelve a estar bajo el control de Carlos I.

— Adriano de Utecht, regente de España.

— Comienza la sublevación de las Comunidades de Castilla.

— Enrique II de Navarra intenta recuperar el territorio anexionado por la Corona de Castilla, pero fue derrotado por el ejercito de Carlos I.

— Accede al trono el sultán otomano, Solimán I «el Magnífico».

— Rebelión azteca contra las tropas del conquistador español Hernán Cortés.

— Juan III «el Piadoso», rey de Portugal.

— Carlos V es coronado emperador en Aquisgrán.

— El poeta Garcilaso de la Vega es nombrado miembro de la corte de España y caballero de Santiago.

— Damián Forment realiza el retablo mayor de la catedral de Huesca.

— Magallanes bautiza al océano que atraviesa en su ruta hacia las Molucas como «Pacífico».

— Pedro de Machuca realiza el *Retablo de Nuestra Señora de la Consolación*.

1521 — Carlos I repone en su puesto al marques de Denia, como jefe de la Casa de la Reina Juana.

— El 23 de abril los Comuneros son derrotados en Villalar por las tropas Imperiales, siendo ejecutados al día siguiente los cabecillas de la revuelta.

— Victoria de los sublevados de las Germanias sobre las tropas reales en Valencia.

— Solimán I ocupa Belgrado.

— Dieta de Worms en la que el emperador Carlos V nombra a su hermano Fernando lugarteniente general y en la que compareció el reformista Lutero.

— Muere Magallanes a manos de los malayos.

— El papa León X excomulga a Lutero.

— Alonso de Berruguete comienza las pinturas de la sacristía de la Capilla Real de Granada.

1525 — Su hija Catalina sale para siempre de Tordesillas, para convertirse en reina de Portugal.
Se concierta el matrimonio de Carlos I con la infanta doña Isabel de Portugal.

— El rey francés Francisco I es derrotado y hecho prisionero por el ejercito del emperador Carlos V en la batalla de Pavía.

— Liga Catolica de Dessau.

— La Reforma se introduce en Dinamarca.

— Se crea la Orden de los Capuchinos, como rama de la franciscana.

1526 — Se concierta la boda de su hija Leonor de Austria con Francisco I, rey de Francia.

— Concordia de Madrid entre Carlos I y Francisco I.

— Carlos I contrae matrimonio con Isabel de Portugal.

— Liga de Cognac entre el papa Clemente VII, el rey francés Francisco I, Enrique VIII y los duques de Florencia, Milán y Venecia contra el emperador Carlos V.

— Victoria otomana frente al rey Luis II de Hungría en la batalla de Mohács.

— El Imperio mongol de Babur se establece en la India.

— Carlos I inicia el proceso para establecer la Universidad de Granada.

— Expedición de Sebastián Caboto a los ríos Paraná y Paraguay.

1527 — Los restos mortales de su esposo, Felipe «el Hermoso», se trasladan de Tordesillas a Granada.

— Nace Felipe II.

— Saco de Roma por los ejércitos del emperador Carlos V, al mando del condestable Carlos III, octavo duque de Borbón.

— Copérnico proclama la teoría Heliocéntrica.

1533 — La reina sale de Tordesillas por primera y última vez huyendo de una epidemia de peste que asolaba la zona.

— El rey de Inglaterra Enrique VIII obtiene del arzobispo de Canterbury el divorcio de Catalina de Aragón y se casa con Ana Bolena.

— Muere Atahualpa soberano del Imperio inca. Ocupa su lugar Manco Cápac II.

— Iván IV «el Terrible» nuevo zar de Rusia.

— Francisco Pizarro y sus hombres entran en Cuzco.

— Pedro de Heredia funda la ciudad de Cartagena de Indias.

1552	— En el mes de mayo, San Francisco de Borja consigue que la reina se confiese, tras muchos años sin hacerlo.
	— Guerra entre Enrique II, rey de Francia y Carlos V.
	— Tratado de Chambord entre Francia y Sajonia.
	— El emperador Carlos V sale de Innsbruck ante el ataque de Mauricio de Sajonia.
	— San Ignacio de Loyola funda en Roma el Colegio Germánico.
	— Muere San Francisco Javier en China.
1554	— Fray Luis de la Cruz se hace cargo del apoyo espiritual de la reina Juana.
	— El príncipe Felipe II contrae matrimonio con María Tudor, reina de Inglaterra.
	— Carlos I entrega Nápoles a su hijo Felipe.
	— Solimán I realiza la tercera campaña contra Persia.
	— El escultor Juan de Juni finaliza el retablo de la catedral de Burgo de Osma.
	— Se publica *La vida del Lazarillo de Tormes*.
1555	— El 13 de abril muere en Tordesillas Juana I, la primera soberana de España.
	— Comienzan las ceremonias de abdicación de Carlos I de España y V de Alemania en su hijo Felipe II.
	— Con la Paz de Augsburgo se pone fin en Alemania a la lucha entre luteranos y católicos.
	— Marcelo II elegido papa. Muere ese mismo año y ocupa su lugar Pablo IV.
1574	— El cadáver de Juana I es depositado en la Capilla Real de Granada.
	— El ejército turco recupera Túnez y expulsa a los españoles del fuerte de La Goleta.
	— El Tribunal de la Sangre es abolido en los Países Bajos.
	— Muere Carlos IX de Francia y accede al trono Enrique III.

ANEXOS

La historia de Juana tiene una última peculiaridad que le hace nuevamente diferente al resto de los monarcas que han reinado en España: figura en tres testamentos diferentes y con distinto tratamiento en cada uno de ellos.

Por su importancia e interés es de destacar el testamento de su madre, la gran reina de Castilla, Isabel I. Ya se expuso que se trataba de un testamento maravillosamente redactado, en el que no se dejaba nada a la improvisación. Dejaba muy claro quién era la legítima heredera de los reinos castellanos, y fue poniendo los parches en las heridas que preveía que se producirían, aunque de nada sirvieron, puesto que todo ocurrió como Isabel se temía.

El siguiente testamento en el que aparece Juana es en el de su padre, Fernando «el Católico». A diferencia del testamento de Isabel, en el de Fernando ni siquiera se cuestiona la incapacidad de Juana. A pesar de seguir figurando como reina de España, la mayor preocupación del rey aragonés fue la designación de los regentes, sabedor de que deberían ser los que ejercieran el poder efectivo. Tampoco se cumplió en todos sus términos, puesto que su nieto Carlos, que debía haber sido regente de Castilla y Aragón al llegar a España se autoproclamó rey, sin tener en consideración la existencia de su madre.

Finalmente está el testamento de Carlos I. Es un testamento lleno de detalles, sobre todo en lo que se refiere a la sucesión al trono. Como fue elaborado y firmado antes del fallecimiento de la reina doña Juana, el rey-emperador tuvo buen cuidado de incluir reiteradamente referencias a *la revereçia y acatamiento que está dicho a la Cathólica Reyna, mi señora madre.* Carlos, que había heredado de su madre una cierta tendencia depresiva, por supuesto en unos niveles dentro de una relativa normalidad, pensaba que posiblemente moriría antes que ella; tanto es así que muchos historiadores opinan que si Juana no hubiera fallecido, Carlos no habría abdicado, para tratar de evitar nuevamente el problema sucesorio, aunque en el testamento se legitimaba que su hijo, o sus descendientes, hicieran lo mismo que hizo él: coronarse como reyes de todas las posesiones de España, Italia y los Países Bajos. Para tratar de evitar problemas sucesorios, llegó a designar en el testamento hasta a seis personas: el primero, lógicamente, era su hijo Felipe, tras éste situaba a su nieto Carlos, cuando aún no tenía edad para que la locura se manifestara con toda su fuerza; la siguiente era su hija María, reina de Bohemia, que con el tiempo sería la esposa del emperador Maximiliano II; a María le seguía Juana, reina de Portugal; una vez que la línea directa estaba agotada Carlos designó a sus hermanos en la línea sucesoria, comenzando por Fernando, rey de Romanos, y finalizando con Leonor, que ya era reina viuda de Francia.

Curiosamente no consta que la reina Juana hiciera su propio testamento, pese a que aunque lo hubiera hecho no se hubiera tenido en consideración, por lo que no existe ninguna evidencia oficial al respecto ni se conserva ningún documento escrito.

A continuación se encuentran los testamentos de Isabel «la Católica», que por su extraordinario interés se ha trascrito íntegro, y los párrafos más interesantes del de Carlos I, sobre todo en los que hace referencia a su madre. El primero procede del libro de William Thomas Walsh *Isabel de España*. En el caso del testamento de Carlos V se debe a una transcripción de Manuel Fernández Álvarez.

TESTAMENTO DE LA SEÑORA
REINA CATÓLICA
DOÑA ISABEL DE CASTILLA

INVOCACIONES Y RAZÓN DEL TESTAMENTO

En el nombre de Dios todo poderoso, Padre e Hijo e Espíritu
Santo, tres Personas e una esencia Divinal, Criador e Gobernador
universal del Cielo e de la Tierra e de todas las cosas visibles e invi-
sibles; e de la gloriosa Virgen Santa María su Madre. Reina de los
Cielos y Señora de los Ángeles, nuestra Señora e abogada: e de
aquel muy excelente Príncipe de la Iglesia e Caballería Angelical,
San Miguel; e del glorioso mensajero celestial, Arcángel San
Gabriel: e a honra de todos los Santos e Santas de la Corte del Cielo,
especialmente aquel muy santo Predicador e Pregonero de Nuestro
Señor Jesucristo, San Juan Bautista; e de los muy bienaventurados
Príncipes de los Apóstoles, San Pedro e San Pablo, con todos los
otros Apóstoles, señaladamente el muy bienaventurado San Juan
Evangelista, amado discípulo de Nuestro Señor Jesucristo, e Águila
caudal y esmerada, a quien sus muy altos misterios y secretos muy
altamente reveló, y por su hijo especial a su muy gloriosa Madre dio
al tiempo de su Santa Pasión, encomendando muy combeniblemente
la Virgen al Virgen, al cual Santo Apóstol y Evangelista yo tengo por
mi Abogado especial en este presente vida, e así lo espero tener en
la hora de mi muerte y en aquel muy terrible día del Juicio y estre-
cha examinación, e más terrible contra los poderosos, cuando mi
anima será presentada ante la silla e trono real del Juez Soberano,
muy justo e muy igual, que según nuestros merecimientos a todos

nos ha de juzgar, en uno con el Bienaventurado y digno hermano suyo, el Apóstol Santiago, singular y excelente Padre y Patrón de estos mis Reinos, e muy maravillosa e misericordiosamente dado a ellos por Nuestro Señor por especial Guardador e Protector, e con el Seráfico confesor, Patriarca de los Pobres e Alférez maravilloso de Nuestro Señor Jesucristo, padre otro si mío muy amado, y especial Abogado, padre San Francisco, con los confesores gloriosos e grandes amigos de Nuestro Señor, San Jerónimo, Doctor glorioso, e Santo Domingo, que como luceros de la tarde, resplandecieron en las partes occidentales de aquestos mis reinos, a la víspera e fin del mundo; en los cuales y en cada uno de ellos yo tengo especial devoción, e con la bienaventurada Santa María Magdalena, a quien asimismo yo tengo por mi abogada, porque así como es cierto que habemos de morir, así nos es incierto cuándo y dónde moriremos; por manera que debemos vivir e así estar aparejados como si en cada hora hubiésemos de morir.

TÍTULOS DE SOBERANÍA

Por ende sepan cuantos esta mi carta de testamento vieren como yo, Doña Isabel, por la Gracia de Dios Reina de Castilla, de León, de Aragón, de Sicilia, de Granada, de Toledo, de Valencia, de Galicia, de Mallorca, de Sevilla, de Cerdeña, de Córdoba, de Córcega, de Murcia, de Jaén, de los Algarves, de Algeciras, de Gibraltar e de las Islas Canarias, Condesa de Barcelona e Señora de Vizcaya e de Molina, Duquesa de Atenas e de Neopatria, Condesa de Rosellón e de Cerdanya, Marquesa de Oristan e de Goceano.

PROTESTACIÓN DE FE CATÓLICA

Estando enferma de mi cuerpo de la enfermedad que Dios me quiso dar, e sana e libre de mi entendimiento, creyendo e confe-

Isabel «la Católica», retablo Mayor de la Cartuja de Miraflores (Burgos). Madera policromada, de Gil de Siloe, en 1496-99.

sando firmemente todo cuanto la Santa Iglesia Católica de Roma tiene, cree o confiesa e predica, señaladamente los siete artículos de la Divinidad e los siete de la santa Humanidad, según se contienen en el Credo e Símbolo de los Apóstoles y en la exposición de la Fe Católica del gran Concilio Niceno, que la Santa Madre *Iglesia* continuamente confiesa, canta y predica; y los siete Sacramentos de ella; en la cual Fe e por la cual Fe estoy aparejada para por ella morir, e lo recibiría por muy singular y excelente don de la mano del Señor, e así lo protesto desde ahora e para aquel artículo postrero, de vivir e de morir en esta Santa Fe Católica; e con esta protestación ordeno esta mi carta en esta manera de testamento e postrimera voluntad, queriendo imitar al buen rey Ecequías, queriendo disponer de mi casa como si luego la hubiese de dejar.

ENTREGA DEL ALMA A DIOS Y SÚPLICAS DE GRATITUD Y MISERICORDIA

E primeramente encomiendo mi espíritu en las manos de Nuestro Señor Jesucristo, el cual de nada lo crió e por su preciosa sangre los redimió, e puesto por mí en la Cruz el Suyo, el Cual encomendó en las manos de su Eterno Padre, al cual conozco e confieso que me debo toda, por los muchos e inmensos beneficios generales que a todo el humano linaje, e a mí, como un pequeño individuo, ha hecho, e por los muchos e singulares beneficios particulares que yo, indigna e pecadora, de su infinita bondad e inefable largueza, por muchas maneras en todo tiempo he recibido, e de cada día recibo, los cuales sé que no basta mi lengua para los acabar de contar, ni mi flaca fuerza para los agradecer, ni aun como el menor de ello merece; mas suplico a su infinita piedad quiera recibir aquesta confesión de ellos, a la buena voluntad e por aquellas entrañas de su misericordia, en que nos visitó naciendo de lo alto, e por muy Santa Encarnación e Natividad, e Pasión, e Muerte, e Resurrección, e Ascensión, e Advenimiento del Espíritu Santo Paraclito, e por todos los otros muy santos Misterios, le plaga de no entrar en juicio con su sierva, mas haga conmigo según aquella gran misericordia suya, e ponga su Muerte e Pasión entre su juicio e mi alma, e si ninguno ante Él se puede justificar, cuando menos los que de grandes Reinos y Estados hemos de dar cuenta, e intervengan por mi ante su clemencia los muy excelentes méritos de su muy gloriosa Madre, e de los otros sus Santos e Santas e Abogados, especialmente mis devotos y especiales Patrones y Abogados, Santos suso nombrados con el susodicho bienaventurado Príncipe de la Caballería Angelical, el Arcángel San Miguel, el cual quiera mi alma recibir e amparar e defender de aquella bestia cruel e antigua serpiente, que entonces me querrá tragar, e no le deje hasta que por la Misericordia de Dios Nuestro Señor sea colocada en aquella gloria para que fue creada.

ENTREGA DEL CUERPO AL SEPULCRO; LUGARES DE ENTERRAMIENTO Y LIMOSNAS

E quiero e mando que mi cuerpo sea sepultado en el Monasterio de San Francisco, que es en la Alhambra de la Ciudad de Granada, siendo de religiosos o de religiosas de la dicha Orden vestida en el hábito del bienaventurado pobre de Jesucristo, San Francisco, en una sepultura baja, que no tenga bulto alguno, salvo una losa baja en el suelo, llana, con sus letras esculpidas en ella; pero quiero e mando que si el Rey, mi señor, eligiere sepultura en otra cualquier iglesia o Monasterio de cualquiera otra parte o lugar de estos mis reinos, que mi cuerpo sea allí trasladado e sepultado junto al cuerpo de Su Señoría, porque el ayuntamiento que tuvimos viviendo, y en nuestras almas espero, en la misericordia de Dios, tornar a que en el Cielo lo tengan, e representen nuestros cuerpos en el suelo. E quiero e mando que ninguno vista jerga por mi, y que en las exequias que se hicieren por mi, donde mi cuerpo estuviere, se hagan llanamente, sin demasías, e que no haya en el bulto gradas, ni capiteles, ni en la Iglesia entoldaduras de lutos, ni demasía de hachas, salvo solamente trece hachas de cada parte en tanto que se hiciere el Oficio Divino, e dijeran las misas e vigilias los días de las exequias, e lo que se había de gastar en luto para las exequias, se convierta e dé en vestuario a los pobres, a la cera que en ellas se había de gastar sea para que arda ante el Sacramento en algunas Iglesias pobres, donde a mis testamentarios bien visto fuere.

Item quiero e mando que, si falleciere fuera de la ciudad de Granada, que luego, sin detenimiento alguno, lleven mi cuerpo entero, como estuviere, a la ciudad de Granada; e si acaeciere que por la distancia del camino o por el tiempo, no se pudiere llevar a la dicha ciudad de Granada, que en catafalco lo pongan e depositen en el Monasterio de San Juan de los Reyes de la ciudad de Toledo; e si en la ciudad de Toledo no se pudiere llevar, se deposite en el Monasterio de San Antonio de Segovia; e si las dichas ciudad de Toledo, ni de Segovia, no se pudiere llevar, que se deposite en el Monasterio de San Francisco más cercano de donde yo falleciere hasta tanto que se puedan llevar a la ciudad de Granada; la cual traslación encargo a mis testamentarios hagan lo más pronto que pudieren.

VOLUNTAD DE PAGO DE TODAS LAS DEUDAS

Item mando, que ante todas cosas sean pagadas las deudas e cargos, así de empréstitos como de raciones e quitaciones e acostamientos e tierras e tenencias, e sueldos e casamientos de Criados e Criadas, e descargos de servicios e de otros cualesquier calidad que sean, que se hallaren yo deber, allende de las que dejo pagadas, las cuales mando que mis testamentarios averigüen y paguen e descarguen dentro del año que yo falleciere de mis bienes muebles; e si dentro del año, no se pudieren acabar de pagar e cumplir, lo cumplan e paguen pasado dicho año lo más pronto que ser pudiere, sobre lo cual les encargo sus conciencias, e si los dichos bienes para ello no bastaren, mando que las paguen de la renta del Reino, e que por ninguna necesidad que se ofrezca no dejen de pagar e cumplir el dicho año, por manera que mi alma sea descargada de ellas, e los Concejos e personas a quien debieren sean satisfechos e pagados enteramente de todo lo que les fuere debido; e si las rentas de aquel año no bastaran para ello, mando que mis testamentarios vendan de las rentas del Reino de Granada, los maravedís de por vida que vieren ser menester para lo acabar todo de cumplir e pagar e descargar.

LEGADO PARA BIEN DEL ALMA Y MANDAS SOBRE DOTES Y CAUTIVOS, ETC.

Item mando, que después de cumplidas y pagadas las dichas deudas se digan por mi alma en Iglesias y Monasterios Observantes de mis Reinos, veinte mil misas a donde a los dichos mis testamentarios pareciere que devotamente se dirán, e que les sea dado en limosna lo que a los dichos testamentarios bien visto fuere.

Item mando, que después de pagadas las dichas deudas, se distribuya un cuento de maravedís para casar doncellas menesterosas, y otro cuento de maravedís para que puedan entrar en religión algunas doncellas pobres que en aquel santo estado querrán servir a Dios.

Item mando, que además y allende de los pobres que se había de vestir de lo que se debía de gastar en las exequias, sean vestidos doscientos pobres, porque sean especiales rogadores a Dios por mi; y el vestuario sea cual mis testamentarios vieren que cumple.

Item mando, que dentro del año que yo falleciere sean redimidos doscientos cautivos, de los necesitados, de cualesquier que estuvieren en poder de los infieles, porque Nuestro Señor me otorgue jubileo e remisión de todos mis pecados e culpas, la cual redención sea hecha por persona digna e fiel, cual mis testamentarios para ello diputaren.

Item mando, que se de en limosna para la Iglesia Catedral de Toledo e para Nuestra Señora de Guadalupe, e para las otras mandas pías acostumbradas, lo que bien visto fuere a mis testamentarios.

CUMPLIMIENTO ÍNTEGRO DE LO MANDADO POR EL REY, SU PADRE

Item mando, que sea cumplido el testamento del Rey don Juan, mi señor y padre, que santo Paraíso haya, cuando toca a lo que mandó para honrar su sepultura en el devoto Monasterio de Santa María de Miraflores, cerca de lo cual se podrá hacer información de los religiosos del dicho Monasterio de lo que de ello está cumplido e falta por cumplir, e como quiera que a mi noticia no haya venido que del dicho testamento haya otra cosa por cumplir a que no sea obligada de derecho; pero si se hallare en algún tiempo que de él está otra cosa por cumplir a la que yo sea obligada, mando que se cumpla; e asimismo mando que se cumplan otros cualesquier testamentos que yo haya en cualquier manera aceptado e sea obligada a cumplir.

RESTITUCIÓN DEL ACRECENTAMIENTO DE OFICIALES DEL REINO

Otrosí, por cuanto por algunas necesidades e causas di lugar e consentí, que en estos mis reinos hubiese algunos Oficiales acrecentados en algunos oficios, de lo cual ha redundado e redunda daño e gran gasto e fatiga a los librantes, demando perdón de ello a Nuestro Señor e a los dichos mis reinos; e aunque alguno de ellos ya están consumidos, si algunos quedan por consumir quiero e mando que luego sean consumidos e reducidos los oficiales de ellos al número y estado en que estuvieron e debieron estar según la buena e antigua costumbre de los dichos mis reinos; e que de aquí en adelante no se puedan acrecentar ni acrecienten de nuevo los dichos oficios ni algunos de ellos.

NULIDAD DE MERCEDES CONCEDIDAS

Item, por cuanto el Rey, mi Señor, e yo por necesidades e importunidades confirmamos algunas mercedes e hicimos otras de nuevo de Ciudades, e Villas, e Lugares, e Fortalezas pertenecientes a la Corona Real de los dichos mis Reinos, las cuales no emanaron ni las confirmamos, ni hicimos de libre voluntad, aunque las cartas e provisiones de ellas fuesen lo contrario, e disminución de la Corona Real de los dichos mis Reinos e del bien público de ellos, e sería muy cargoso a mi alma y conciencia no proveer cerca de ello, por ende quiero y es mi determinada voluntad, que de dichas confirmaciones y mercedes las cuales, se contienen en una carta firmada de mi nombre y sellada de mi sello, que queda fuera de este mi testamento, sean en si ninguna e de ningún valor y efecto, e de mi propio motu, e cierta ciencia e poderío Real absoluto, de que esta parte quiero usar e uso, las revoco, caso e anulo, y quiero que no valgan ahora e en algún tiempo, aunque en si contengan que no se puede revocar, e aunque sean concedidas propio motu, o por servicios o satisfacción, o renunciación, o en otra cualquier manera, o contengan otras cualesquier derogaciones, renunciaciones, e no obstancias, e cláusulas, e firmezas, o de otra cualquier forma de palabras, aunque sean tales que de ellas o de alguna de ellas, se quiera hacer aquí especial mención, las cuales y a tenor de ellas o de cada una de ellas, con todo lo en ellas y en cada una de ellas contenido, yo quiero haber, y he aquí por expresadas, como si de verbo ad verbum aquí fuesen insertas.

RESOLUCIÓN SOBRE LA VILLA DE MOYA Y SU MARQUESADO

E Cuanto a las mercedes de la villa de Moya e de los otros vasallos a que hicimos merced, a don Andrés de Cabrera, Marqués de Moya, e a la Marquesa doña Beatriz de Bobadilla, su mujer, las cuales emanaron de nuestra voluntad e las hicimos por la lealtad con que nos sirvieron, para haber de cobrar la sucesión de los dichos mis reinos, según es notorio en ellos, en lo cual al Rey, mi Señor, e a mí, e a nuestros sucesores e a todos los dichos reinos hicieron grande e señalado servicio, e así los encomiendo mucho al Rey mi Señor, e a la Princesa, mi muy cara e muy amada hija, para que a ellos e a sus sucesores honren e acrecienten como sus leales, e agradables servicios lo merecen, porque el Rey, mi Señor, e yo les hubimos hecho merced de ciertos lugares e vasallos de la tierra de Segovia, para que los dichos Marqués e Marquesa tuviesen ciertos años en prendas de otros tantos vasallos que fué nuestra merced e voluntad de les dar demás, e allende de la dicha villa de Moya, en remuneración de los dichos sus servicios. Por ende, porque la dicha Corona Real no quede agraviada, ni asimismo la dicha ciudad de Segovia, a quien el Rey mi Señor e yo hubimos jurado solemnemente, que nunca daríamos ni entregaríamos lugar alguno de la tierra e término de la dicha ciudad de Segovia, ni nuestra voluntad ni intención fué la de enajenar de la dicha ciudad sino por empeño, hasta les dar otros vasallos, quiero e mando que luego les sea hecha enmienda y equivalencia de todo ello a los dichos Marqués e Marquesa de Moya en otros lugares e vasallos de los que hemos ganado en el dicho Reino de Granada, dándoles en ellos otros lugares, e vasallos e rentas, con sus jurisdicciones e señoríos, e mero, e mixto imperio, que sean de tanta suma de renta e valor, como lo son los dichos lugares e vasallos que tienen en el dicho empeño de la dicha ciudad de Segovia, a vista y estimación de buenas personas, nombradas para ello por ambas partes, con juramento que sobre ello hagan en debida forma. E porque en la merced que les hicimos de la dicha villa de Moya, aunque emanó de nuestra voluntad, hay duda de si la pudimos hacer así por estar como está en cabo e frontera de Reino, como a causa del juramento que a la dicha villa teníamos hecho de la no enajenar de nuestra Corona Real, mando que se mire si la dicha merced tuvo lugar de hacerse, e si Nos la pudimos hacer, e si se nos pudo relajar el dicho juramento, e si se hallare que no pudo hacer e relajar la dicha merced quede a los dichos Marqués e Marquesa según la tienen de Nos; e si se hallare que no tuvo lugar, ni se pudo hacer la dicha merced, mando que en tal caso luego sea hecha enmienda y equivalencia de la villa de Moya a los dichos Marqués e Marquesa en otra villa, e tierra, e lugares, e vasallos, e rentas de lo que así hemos ganado en el Reino de Granada, donde se pueden intitular e intitulen Marqueses con su jurisdicción, mero e mixto imperio, e rentas, e señoríos, en tanta suma e valor como en la dicha villa de Moya; por manera que ninguna cosa bajen, ni pierdan, ni disminuyan de su estado, antes reciban ventaja e acrecentamiento; la cual dicha equivalencia que así les fuere dada a los dichos Marqués e Marquesa por los dichos lugares que tienen en empeño, e por la dicha Villa de Moya, haya e tenga por suya e como suya para siempre jamás, por juro de heredad para ellos e para sus descendientes, e para quien ellos quisieren e por bien tuvieren; quedando en la villa e lugares que así les fuere dados, para Nos e para todos los otros Reyes que después de mí reinaren, la superioridad de la justicia, e pedidos, e monedas, e moneda forera, e mineros de oro, e plata, e otros metales, si los hubiere, e todas las otras cosas que andan con el Señorío Real, e no se puedan ni deben apartar de él, e que luego que fuere dada e hecha y entregada la dicha equivalencia a los dichos Marqués e Marquesa o a sus herederos, dejen libre para la Corona la dicha Villa de Moya con su fortaleza, a tierras e términos, e jurisdicción, e señoríos, e rentas, e vasallos, e a la dicha ciudad de Segovia los dichos lugares e vasallos, libre e desembargadamente, para que la dicha Corona Real, e la dicha ciudad de Segovia los hayan e tengan, e posean sin impedimento alguno, no obstante que el tiempo del desempeño sea pasado.

TORNACIÓN A ÁVILA DE LUGARES Y VASALLOS

Item, por cuanto yo hube jurado de tornar e restituir a la ciudad de Ávila ciertos lugares e vasallos de que el Rey don Enrique, mi hermano, que haya Santa Gloria, con sus necesidades hizo merced a don García Álvarez de Toledo, Duque de Alba, que hasta aquí ha tenido don Pedro de Toledo, su hijo difunto, e ahora tienen sus herederos del difunto don Pedro. Por ende, por la presente mando que sean tornados e restituídos los dichos lugares e vasallos e señoríos e jurisdicción e rentas de ellos libremente a la dicha ciudad de Ávila, para que lostenga e posea como los tenía e poseía antes que fuesen dados al dicho Duque; e de mi propio motu, a cierta ciencia y poderío Real absoluto de que en esta parte quiero usar e uso, revoco, caso e anulo e doy por ninguno e de ningún efecto cualquier confirmación e merced que yo de cualquier manera haya hecho al dicho Duque, e al dicho don Pedro, su hijo, e a cualquier de ellos, e es mi merced e determinada voluntad que no valga ahora ni en algún tiempo, aunque en sí contenga cualesquier renunciaciones, e derogaciones, e cláusulas e otras cualesquier firmezas, e forma de palabras; quiero e mando que a los herederos del dicho don Pedro de Toledo sea dada satisfacción e equivalencia de ellos en el dicho Reino de Granada.

ANEXIÓN ABSOLUTA A LA CORONA DEL MARQUESADO DE VILLENA, Y DE LA PLAZA DE GIBRALTAR

Otrosí, mando a dicha Princesa, mi hija, e al dicho Príncipe, su marido, e a los Reyes que después de ella sucedieren en los dichos mis reinos, que siempre tengan en la Corona e patrimonio real de ellos, el Marquesado de Villena e las ciudades e villas e lugares e otras cosas, según que ahora todo está en ellos incorporado, e no den ni enajenen ni consientan dar ni enajenar en manera alguna, cosa alguna de ello.

Item, porque el dicho Rey D. Enrique, mi hermano, a causa de las dichas necesidades hubo hecho merced a don Enrique de Guzmán, Duque de Medinasidonia, difunto, de la ciudad de Gibraltar con su fortaleza, e vasallos, e jurisdicción, e tierra, e términos, e rentas, e pechos, e derechos, e con todo lo otro que le pertenece; e nos viendo el mucho daño e detrimento que de la dicha merced redundaba a la dicha Corona e Patrimonio Real de los dichos mis reinos, e que la dicha merced no tuvo lugar, ni se pudo hacer de derecho por ser como es la dicha ciudad de la dicha Corona e Patrimonio real, e uno de los títulos de estos mis reinos, hubimos revocado la dicha merced, e tornado, e restituido, e reintegrado la dicha ciudad de Gibraltar con su fortaleza e vasallos, e jurisdicción, según que ahora está en ella reincorporado e la dicha restitución e reincorporación fue justa e jurídicamente hecho; por ende mando a la dicha Princesa, mi hija, e al dicho Príncipe, su marido, e a los Reyes que después de ella sucederán en estos mis Reinos, que siempre tengan en la Corona e Patrimonio real de ellos la dicha ciudad de Gibraltar, con todo lo que le pertenece, e no le den ni enajenen, ni consientan dar ni enajenar cosa alguna de ella.

SOBRE LA NO PRESCRIPCIÓN DE ALCABALAS Y DERECHOS DE LA CORONA

Otrosí, por cuanto a causa de las muchas necesidades que al Rey, mi Señor, e a mí ocurrieron después que yo sucedí en estos mis reinos e señoríos, yo he tolerado tácitamente que algunos Grandes e Caballeros, e personas de ellos hayan llevado las Alcabalas e

Tercias e Pechos e Derechos pertenecientes a la Corona Real de los dichos mis reinos, en sus lugares e tierras, e dado licencia de palabra a algunos de ellos para llevarlas por los servicios que me hicieron: por ende, porque los dichos Grandes e Caballeros e personas, a causa de la dicha tolerancia e licencia que yo he tenido e dado, no puedan decir que tienen o han tenido uso o costumbre o prescripción que pueda perjudicar al derecho de la dicha Corona e Patrimonio real, e a los Reyes que después de mis días sucedieren en los dichos mis Reinos, para lo llevar, tener ni haber adelante, por la presente, por descargo de mi conciencia, digo e declaro que lo tolerado por mí cerca de lo susodicho, no pare perjuicio para la Corona Real e Patrimonio Real de los dichos mis Reinos, ni a los Reyes que después de mis días sucedieren en ellos; e de mi propio motu, e de mi cierta ciencia e poderío Real absoluto de que en esta parte quiero usar e uso, revoco, caso e anulo, e doy por ninguna e ningún valor ni efecto la dicha tolerancia e licencia, e cualquier uso e costumbre e prescripción, e otro cualquier transcurso de tiempo, e diez, e veinte, e treinta, e cuarenta e cien años, e más tiempo pasado e porvenir, que los dichos Grandes e Caballeros e personas, e cada uno e cualquiera de ellos cerca de ello hayan tenido, e de que se podría en cualquier manera aprovechar para lo llevar, tener, ni haber adelante; e por hacer merced, les hago merced e donación de lo que de ello hasta aquí han llevado, para que no les sea pedido ni demandado.

SOBRE LA INTEGRIDAD EN HACER JUSTICIA A LOS VASALLOS CONTRA LOS GRANDES

Item, por cuanto yo hube sido informada que algunos Grandes, e Caballeros, e personas de los dichos mis Reinos e Señoríos, por formas e manera exquisitas que no viniesen a nuestra noticia impedían a los vecinos e moradores de sus lugares e tierras, que apelasen de ellos e de sus injusticias para ante Nos e

148

nuestras Chancillerías, como eran obligados, a causa de lo cual las tales personas no alcanzaban ni les eran hecho cumplimiento de justicia, e lo que de ello vino a mi noticia no lo consentí, antes lo mandé remediar como convenía, e si lo tal hubiese de pasar adelante sería en mucho daño e detrimento de la preeminencia Real e Suprema jurisdicción de los dichos mis Reinos, e de los Reyes que después de mis días sucederán, e de los súbditos e naturales de ellos; e porque lo susodicho es inalterable e imprescriptible, e no se puede alienar ni apartar de la Corona Real: por ende, por descargo de mi conciencia digo e declaro, que si algo de lo susodicho ha quedado por remediar, ha sido por no haber venido a mi noticia; e por la presente, de mi propio motu e cierta ciencia e poderío Real absoluto de que en esta parte quiero usar e uso, revoco, caso e anulo e doy por ninguno e de ningún valor y efecto cualquier uso, costumbre e prescripción, e otro cualquier transcurso de tiempo, e otro remedio alguno que los dichos Grandes e Caballeros e personas cerca de lo susodicho hayan tenido e de que se podrían en cualquier manera aprovechar para lo usar adelante.

RESTITUCIÓN DE RENTAS EN SEVILLA TRAS LA MUERTE DE DOÑA MARIA, REINA DE PORTUGAL

Otrosí, por cuanto viviendo el Príncipe D. Miguel mi nieto, teniendo estos Reinos, y el de Portugal por unos, hicimos merced a la Serenísima Reina de Portugal, doña María, mi muy cara e muy amada hija, de cuatro cuentos de maravedís de renta, por su vida, situados en ciertas rentas de la Ciudad de Sevilla; quiero e mando que después de sus días, los dichos cuatro cuentos de maravedís se consuman e tornen a la Corona Real de los dichos mis Reinos, sin que cosa alguna, ni parte de ello, se enajene.

DESEMPEÑO DE JUROS, DE POR VIDA

Item, por cuanto para cumplir algunos gastos e necesidades que nos ocurrieron para la guerra de los moros del Reino de Granada, enemigos de nuestra Santa Fe Católica, hubimos empeñado algunos maravedís de juro en poder de algunas personas de nuestros Reinos e Señoríos, e de ello hubimos mandado dar e dimos nuestras cartas de privilegios, reservando para Nos e para los Reyes que después de mis días reinaren en los dichos mis Reinos, poder e facultad para los quitar por los precios que por ello recibimos; mando a la dicha Princesa, mi hija, e al Príncipe, su marido, que no den, ni consientan dar, los dicho maravedís de juro, ni algunos de ellos, perpetuos, que teniendo lugar para ello los quiten e reduzcan a la Corona Real de los dichos Reinos; e si no los quitaren, queden con la dicha condición, para que los Reyes que después de ella reinaren en estos dichos Reinos, los puedan quitar e desempeñar; e para que los dichos maravedís de juro mas aina se puedan quitar e desempeñar, mando que todas las rentas del Reino de Granada, sacando los gastos e costas ordinarias del dicho Reino, sean para quitar e desempeñar dichos juros, y en aquello se gasten e no en otra cosa alguna; e los juros que con las dichas rentas se quitaren, se conviertan asimismo en quitar los dichos juros, e no se puedan gastar en otra cosa hasta que todos sean acabados de quitar e desempeñar.

E asimismo, por cuanto yo he dado algunos maravedís de merced de por vida a algunas personas de los dichos mis Reinos, por les hacer merced, e a otros endago de algunos maravedís que les debía e era obligada a les pagar, para que se consuman después de sus días en la Corona Real de los dichos mis Reinos, según se contienen en las provisiones que para ello les mandé dar por ende mando a la dicha Princesa e al dicho Príncipe, su marido, que después de los días de las tales personas a quien suenan las tales mercedes de por vida, no hagan ni consientan hacer merced de ellos, ni de alguno de ellos a persona ni personas algunas, más que se consuman para la Corona Real de dichos mis Reinos.

CUMPLIMIENTO DE CAPITULACIONES CON LOS REYES DE PORTUGAL E INGLATERRA

Item, mando que si al tiempo de mi fallecimiento no fuere cumplido lo que está capitulado y asentado con el Serenísimo Rey de Portugal, cerca de lo que ha de haber en casamiento con la Serenísima Reina Doña María, mi hija, su mujer, mando que se acabé de cumplir, como en el dicho asiento se contiene; e asimismo se cumpla lo que está capitulado y asentado con el Rey de Inglaterra sobre el casamiento de la Ilustrísima Princesa de Gales, mi muy cara e muy amada hija, con el Príncipe de Gales, su hijo, si a la sazón no fuere cumplido o estuviere por cumplir.

NOMBRAMIENTO DE UNIVERSAL HEREDERA DEL REINO A FAVOR DE DOÑA JUANA, CON PLENITUD DE DERECHOS

Otrosí, conformándome con lo que debo e soy obligada de derecho, ordeno e establezco e instituyo por universal heredera de todos mis Reinos e Tierra e Señoríos, e de todos mis bienes raíces, después de mis días, a la Ilustrísima Princesa Doña Juana, Archiduquesa de Austria, Duquesa de Borgoña, mi muy cara e muy amada hija primogénita, heredera e sucesora legítima de los dichos mis Reinos e Tierras e Señoríos, la cual, luego que Dios me llevare, se intitule Reina. E mando a todos los Prelados, Duques, Marqueses, Condes, Ricos-hombres, Priores de las Órdenes, Comendadores e Sub-Comendadores e Alcaides de los Castillos e Casas-fuertes e llanas, e a los mis Adelantados e

Merinos, e a todos los Concejos, Alcaides, Alguaciles, Regidores, Veinticuatros, Caballeros jurados, Escuderos jurados, Oficiales e Hombres-buenos de todas las ciudades e villas e lugares de los dichos mis Reinos e Tierras e Señoríos, e a todos los otros mis vasallos e súbditos e naturales de cualquier estado o condición o preeminencia e dignidad que sea, e a cada uno e cualquier de ellos, por fidelidad e lealtad e reverencia e obediencia e sujeción e vasallaje que me deben, e a que me son adscritos e obligados como a su Reina e Señora natural, e en virtud de los juramentos e fidelidades e pleitos e homenajes que me hicieron al tiempo que yo sucedí en los dichos mis Reinos e Señoríos, que cada e cuando Dios pluguiere de me llevar de esta presente vida, los que allí se hallaren presentes luego e ausentes dentro del término que las leyes de estos mis Reinos disponen en tal caso, hallen y reciban y tengan a la dicha Princesa Doña Juana, mi hija, por Reina verdadera e Señora natural propietaria de los dichos mis Reinos e Tierras e Señoríos, e alcen pendones por ella, haciendo la solemnidad que en tal caso se requiere e debe e acostumbra a hacer; e así la nombren e intitulen desde en adelante, y le den y presten y exhiban e hagan dar e prestar y exhibir toda la fidelidad e obediencia e reverencia e sujeción e vasallaje que, como súbditos e naturales vasallos le deben e son obligados a le dar y prestar, y al Ilustrísimo Príncipe D. Felipe, mi muy caro e muy amado hijo, como a su marido; e quiero e mando que todos los Alcaides de Alcázares e Fortalezas e Tenientes de cualquier ciudades e villas e lugares de los dichos mis Reinos e Señoríos, hagan luego juramento e pleito e homenaje en forma, según costumbre e fuero de España, por ellas a la dicha Princesa, mi hija, e de las tener e guardar con toda fidelidad e lealtad para su servicio e para la Corona Real de los dichos mis Reinos durante el tiempo que se las ella mandare tener; lo cual todo, que dicho es, a cada cosa e parte de ello, les mando que así hagan e cumplan realmente e con esfuerzo todos los susodichos Prelados e Grandes, e Ciudades, e Villas, e

Lugares, e Alcaides e Tenientes, e todos los otros susodichos mis súbditos e naturales, e sin embargo ni dilación, ni contratiempo alguno que sea o ser pueda, so aquellas penas e casos en que incurren e caen los vasallos e súbditos que son rebeldes e inobedientes a su Reina e Princesa e Señora natural, e le denieguen el Señorío, e sujeción, e vasallaje, e obediencia, e reverencia que naturalmente le deben y son obligados a le dar y prestar.

PROHIBICIÓN DE CONFERIR A EXTRANJERO OFICIOS DE LA CORONA, QUE SÓLO DEBEN SER DESEMPEÑADOS POR NATURALES DEL REINO

Otrosí, considerando cuanto yo soy obligada de mirar por el bien común de estos mis Reinos e Señoríos, así por la obligación que como Reina y Señora de ellos les debo, como por los muchos servicios que de mis súbditos e vasallos, e moradores de ellos, con mucha lealtad he recibido; e considerando asimismo la mejor herencia que puedo dejar a la Princesa e al Príncipe, mi hijo, es dar órdenes como mis súbditos e naturales les tengan el amor e les sirvan lealmente, como al Rey, mi Señor, e a mí han servido, e que por las leyes e ordenanzas de estos dichos mis Reinos, hechas por los Reyes, mis progenitores, está mandado que las Alcaldías, e Tenencias e Gobernaciones de las ciudades e villas e lugares e oficios que tienen aneja jurisdicción alguna en cualquier manera, e los oficios de la Hacienda e de la Casa e Corte, e los oficios mayores del Reino, e los oficios de las ciudades e villas e lugares de él, no se den a extranjeros, así porque no sabrían regir ni gobernar según las leyes e fueros e derechos e usos e costumbres de estos mis Reinos, como porque las ciudades e villas e lugares donde los tales extranjeros hubieren de regir e gobernar, no serán bien regidas e gobernadas, e los vecinos e moradores de ellos no serían de ello contentos, de donde cada día se recrecerían muchos escándalos e desórdenes e inconvenientes, de que Nuestro Señor sería deservido, e los dichos mis Reinos, e los vecinos e moradores de ellos recibirían mucho daño e detrimento; e viendo como el Príncipe, mi hijo, por ser de otra nación e de otra lengua, si no se conformase con las dichas Leyes e Fueros e costumbres de estos mis Reinos, e él e la Princesa, mi hija, no les gobernasen por las dichas Leyes e Fueros e usos e costumbres, no serán obedecidos como deberían; e podrían de ellos tomar algún escándalo e no tenerles el amor que yo querría que les tuviesen, para con todo servir mejor a Nuestro Señor e gobernarlo mejor y ellos poder ser mejor servidos de sus vasallos; e conociendo que cada Reino tiene sus Leyes e Fueros e usos e costumbres, e se gobierna por sus naturales. Por ende, queriéndolo remediar todo, de manera que los dichos Príncipe e Princesa, mis hijos, gobiernen estos dichos Reinos después de mis días, e sirvan a Nuestro Señor como deben, e a sus súbditos e vasallos paguen la deuda que como Reyes e Señores de ellos les deben e son obligados; ordeno y mando que de aquí en adelante no se den las dichas Alcaldías e Tenencias de Alcázares, ni Castillos, ni fortalezas, ni gobernación, ni cargo ni oficio que tenga en cualquier manera aneja jurisdicción alguna, ni oficio de justicia ni oficios de ciudades ni villas ni lugares de estos mis Reinos e Señoríos, ni los oficios mayores de los dichos Reinos e Señoríos, ni los oficios de la Hacienda de ellos, ni de la Casa o Corte, a persona ni personas algunas de cualquier estado o condición que sean, que no sean naturales de ellos; e que los Secretarios ante los que hubieren de despachar cosas tocantes a estos mis Reinos e Señoríos, e a los vecinos e moradores de ellos sean naturales de los dichos mis Reinos e Señoríos: e que estando los dichos Príncipe e Princesa, mis hijos, fuera de estos mis dichos Reinos e Señoríos, no llamen a Cortes los Procuradores de ellos, que a ellas deben e suelen ser llamados, ni hagan fuera de los dichos mis Reinos e Señoríos Leyes e Pragmáticas, ni las otras cosas que en las Cortes se deben hacer según las Leyes de ellos; ni provean en cosa alguna tocante a la gobernación ni administración de los dichos mis Reinos e Señoríos: E mando a los dichos Príncipe e Princesa, mis hijos, que así lo guarden e cumplan, e no den lugar a lo contrario.

IDÉNTICA PROHIBICIÓN SOBRE DIGNIDADES ECLESIÁSTICAS

Otrosí, por cuanto a los Arzobispados e Obispados, e Abadías e Dignidades e Beneficios eclesiásticos e los Maestrazgos e Priorazgo de S. Juan, son mejor regidos e gobernados por los naturales de los dichos Reinos y Señoríos e las Iglesias mejor servidas e aprovechadas: mando a la dicha Princesa e al dicho Príncipe, su marido, mis hijos, que no presenten en Arzobispados, ni Obispados, ni Abadías, ni Dignidades, ni otros Beneficios eclesiásticos, ni algunos de los Maestrazgos e Priorazgos, a personas que no sean naturales de estos mis Reinos.

SOBRE NEGOCIAR EN CASTILLA Y LEÓN TODO LO DE TIERRAS DEL MAR E ISLAS DE CANARIA

Otrosí, por cuanto las Islas e Tierra firme del Mar Océano, e las Islas Canarias, fueron descubiertas e conquistadas a costa de estos mis Reinos, e con los naturales de ellos, y por esto es razón que el trato e provecho de ellas se haya e trate e negocie en estos mis Reinos de Castilla y de León, e en ellos y a ellos venga todo lo que de ellas se trajere: por ende ordeno y mando que así se cumpla, así en las que hasta aquí son descubiertas, como en las que se descubrirán de aquí en adelante en otra parte alguna.

CONFÍA LA GOBERNACIÓN DEL REINO A DON FERNANDO, EN DEFECTO DE LA PRINCESA DOÑA JUANA

Otrosí, por cuanto puede acaecer que al tiempo que Nuestro Señor de esta vida presente me llevare, la dicha Princesa, mi hija, no esté en estos Reinos, o después que a ellos viniere, en algún

tiempo haya de ir e estar fuera de ellos, o estando en ellos no quiera
o no pueda atender en la Gobernación de ellos, e para cuando lo tal
acaeciere es razón que se dé orden para que la gobernación de ellos
haya de quedar y quede de manera que sean bien regidos e gobernados en paz, e la justicia administrada como debe; e los
Procuradores de los dichos mis Reinos en las Cortes de Toledo el
año de quinientos e dos, que después se continuaron e acabaron en
las villas de Madrid, e Alcalá de Henares el año de quinientos e
tres, por su petición me suplicaron e pidieron por merced, que
mandase proveer cerca de ello, y que ellos estaban prestos y aparejados de obedecer e cumplir lo que por mi fuese acerca de ello
mandado, como buenos e leales vasallos e naturales, lo cual yo después hube hablado a algunos Prelados e Grandes de mis Reinos e
Señoríos, e todos fueron conforme e les pareció que en cualquier de
los dichos casos, el Rey, mi Señor, debía regir e gobernar e administrar los dichos mis Reinos y Señoríos por la dicha Princesa, mi
hija. Por ende quiero remediar y proveer, como debo y soy obligada, para cuando los dichos casos o alguno de ellos acaeciere y
evitar las diferencias y disensiones que se podrían seguir entre mis
súbditos e naturales de los dichos mis Reinos, e cuanto en mi es
proveer a la paz e sosiego e buena gobernación e administración de
ellos; acatando la grandeza y excelente nobleza y esclarecidas virtudes del Rey, mi Señor, e la mucha experiencia que en la gobernación de ellos ha tenido e tiene; e cuanto es servicio de Dios e utilidad e bien común de ellos, que en cualquier de los dichos casos
sean por Su Señoría regidos e gobernados. Ordeno e mando que
cada e cuando la Princesa mi hija no estuviere en estos mis Reinos,
o después que a ellos viniere, en algún tiempo haya de ir y estar
fuera de ellos, o estando en ellos no quisiere o no pudiere entender
en la gobernación de ellos, que en cualquier de los dichos casos el
Rey, mi Señor, rija, administre e gobierne los dichos mis Reinos e
Señoríos, e tenga la administración e gobernación de ellos por la
dicha Princesa, según dicho es, hasta tanto que el Infante don
Carlos, mi nieto, hijo primogénito, heredero de los dichos Príncipe

e Princesa, sea de edad legítima, a lo menos de veinte años cumplidos para los regir e gobernar; e excediendo de la dicha edad, estando en estos mis Reinos a la sazón, e viniendo a ellos para los regir, los rija e gobierne e administre en cualquiera de los dichos casos, según e como dicho es. E suplico al Rey, mi Señor, quiera aceptar el dicho cargo de gobernación, e regir e gobernar estos dichos mis Reinos e Señoríos en dichos casos, como yo espero que lo hará; e como quiera que según Su Señoría siempre ha hecho por acrecentar las cosas de la Corona Real, e por esto no es necesario más lo suplicar, mas por cumplir lo que soy obligada, quiero e ordeno e así lo suplico a Su Señoría, que durante la dicha gobernación no dé, ni enajene, ni consienta dar, ni enajenar, por vía ni manera alguna, Ciudad, Villa, ni Lugar, ni Fortaleza, ni maravedís de juro, ni jurisdicción, ni oficio de justicia, ni perpetuo, ni otra cosa alguna de las pertenecientes a la Corona e Patrimonio Real de los dichos mis Reinos, Tierras e Señoríos, ni a las Ciudades; Villas e Lugares de ellos; e que Su Señoría antes que comience a usar de la dicha gobernación, ante todas cosas, haya de jurar e jure en presencia de los Prelados, e Grandes, e Caballeros, e Procuradores de los dichos mis Reinos, por ende a la sazón se hallaren, por ante Notario público, que de ello dé testimonio, que bien e debidamente se regirá e gobernará los dichos mis Reinos, e guardará el pro e utilidad e bien común de ellos, e que los acrecentará en cuanto con derecho pudiere, e los tendrá en paz e justicia, e que guardará e conservará el Patrimonio de la Corona Real de ellos, e no enajenará e consentirá enajenar cosa alguna como dicho es; e que guardará e cumplirá todas las otras cosas que buen Gobernador e Administrador debe y es obligado a hacer e cumplir e guardar durante la dicha gobernación. E mando a los Prelados, Duques, Marqueses, Condes, e Ricos-homes e a todos mis vasallos e Alcaides, e a todos mis súbditos e naturales de cualquier estado, preeminencia o condición e dignidad que sean, de los dichos mis Reinos e tierras e Señoríos, que como a tal Gobernador e Administrador de ellos, en cualquiera de los dichos casos, obedezcan a Su Señoría e cumplan sus mandamientos, e le den todo favor e ayuda, cada e cuando fueren requeridos, según e como en tal caso lo deben e son obligados a hacer.

ORDENA A LOS PRÍNCIPES HEREDEROS EL CUIDADO DE LA HONRA DE DIOS Y SU IGLESIA, LA PERSECUCIÓN DE LA CONQUISTA DE ÁFRICA Y LA DEFENSA DE LOS DERECHOS DE LA INQUISICIÓN, MONASTERIOS Y PRELADOS

E ruego e mando a dicha Princesa, mi hija, e al dicho Príncipe, su marido, que, como católicos Príncipes, tengan mucho cuidado de las cosas de la honra de Dios e de su Santa Fe, celando e procurando la guarda e defensión ensalzamiento de ella, pues por ella somos obligados a poner las personas e vidas e lo que tuviéramos, cada que fuese de menester, e que sean muy obedientes a los mandamientos de la santa Madre Iglesia, e protectores e defensores de ella, como son obligados, e que no cesen de la conquista de África e de pugnar por la fe contra los infieles; e que siempre favorezcan mucho las cosas de la Santa Inquisición contra la herética pravedad; e que guarden e hagan guardar a las Iglesias e Monasterios e Prelados, e Maestres, e Órdenes e Hidalgos, e a todas las ciudades e villas e lugares de los dichos mis Reinos e Señoríos, todos sus privilegios e franquicias e mercedes e libertades e fueros e buenos usos e buenas costumbres que tienen de los Reyes pasados e de Nos según que mejor e más cumplidamente les fueron guardados en los tiempos hasta aquí.

MANDAMIENTO DE OBEDIENCIA DE LOS PRINCIPES AL REY D. FERNANDO

E asimismo ruego e mando muy afectuosamente a la dicha Princesa, mi hija, porque merezca alcanzar la bendición de Dios e la del Rey, su padre, e la mía, e al dicho Príncipe, su marido, que siempre sean muy obedientes e sujetos al Rey mi Señor, e que no le salgan de la obediencia, dándole e haciéndole dar todo el honor que buenos e obedientes hijos deban dar a su buen padre; e sigan sus mandamientos e consejos, como de ellos se espera que lo harán, de manera que para todo lo que Su Señoría toque, parezca que yo no haga falta e parezca que soy viva, porque allende de ser debido a Su Señoría este honor e acatamiento por ser su padre, que según. el mandamiento de Dios debe ser honrado e acatado; de más de lo que se debe a Su Señoría por las dichas causas, por el bien y provecho de ellos y de los dichos Reinos, deben obedecer e seguir sus mandamientos e consejos, porque según la mucha experiencia que Su Señoría tiene, ellos e los dichos Reinos serán en mucho aprovechados; y también porque es mucha razón que Su Señoría sea servido e acatado e honrado más que otro padre, así por ser tan excelente Rey e Príncipe, e dotado e ungido de tales e tantas virtudes, como por lo mucho que ha hecho e trabajado su Real persona en cobrar estos dichos mis Reinos que tan enajenados estaban al tiempo que yo en ellos sucedí, y en obviar los grandes males e daños e guerras que con tantas turbaciones y movimientos había en ellos; e no con menos afrenta de su Real persona en ganar el Reino de Granada y echar de él los enemigos de nuestra Santa Fe católica, que tanto tiempo había que lo tenían usurpado e ocupado; y en reducir estos Reinos a buen regimiento e gobernación e justicia, según que hoy por la gracia de Dios están.

ENCARGO A LOS PRÍNCIPES HEREDEROS PARA QUE SE HAYAN EN UNIÓN, ADMINISTREN RECTA JUSTICIA, Y GARANTICEN LA RECAUDACIÓN DE TRIBUTOS Y GUARDA DE LAS LEYES

Otrosí, ruego y encargo a los dichos Príncipe e Princesa, mis hijos, que así como el Rey, mi Señor, e yo siempre estuvimos en

tanto amor e unión e concordi, así ellos tengan aquel amor e unión
e conformidad como yo de ellos espero; e que miren mucho por la
conservación del Patrimonio de la Corona Real de los dichos mis
Reinos, e no den, ni enajenen, ni consientan dar ni enajenar cosa
alguna de ellos; e sean muy benignos e muy humanos a sus súbditos e naturales, e los traten e hagan tratar bien; e hagan poner mucha
diligencia en la administración de la justicia a los vecinos e moradores e personas de ellos, haciéndola administrar a todos igualmente, así a los chicos como a los grandes, sin aceptación de personas, poniendo para ello buenos e suficientes ministros; e que
tengan mucho cuidado que las rentas reales, de cualquier calidad
que sean, se cobren e recauden justamente, sin que mis súbditos e
naturales sean fatigados ni reciban vejaciones ni molestias; e
mando a los oficiales de la hacienda que tengan cuidado de proveer
acerca de ello, como convenga al bien de los dichos mis súbditos,
e como sean bien tratados; e manden e guarden e hagan guardar las
preeminencias reales en todo aquello que a este Centro e Señorío
Real pertenece; e guarden e hagan asimismo guardar todas las leyes
e pragmáticas e ordenanzas por Nos hechas, concernientes al bien
o pro común de los dichos mis Reinos, que, según las leyes por Nos
hechas en las Cortes de Toledo se han e deben consumir; e no consientan e den lugar que alguno sea nuevamente acrecentado.

OTORGA AL REY D. FERNANDO LA MITAD DE LAS RENTAS DE LAS ISLAS Y TIERRA FIRME DEL MAR OCÉANO

E porque de los hechos grandes e señalados, que el Rey, mi
Señor, ha hecho desde el comienzo de nuestro reinado, la Corona Real
de Castilla es tanto aumentada, que debemos dar a Nuestro Señor
muchas gracias e loores; especialmente, según es notorio, habernos Su
Señoría ayudado, con muchos trabajos e peligros de su Real Persona,
a cobrar estos mis Reinos, que tan enajenados estaban al tiempo que

yo en ellos sucedí; y el dicho Reino de Granada, según dicho es; demás del gran cuidado y vigilancia que Su Señoría siempre ha tenido e tiene en la administración de ellos; e porque el dicho Reino de Granada, e las Islas Canarias e Islas de Tierra Firme del Mar Océano, descubiertas e por descubrir, ganadas e por ganar, han de quedar incorporadas en estos mis Reinos de Castilla e León, según que en la Bula Apostólica a Nos sobre ello concedida se contiene, y es razón que Su Señoría sea en algo servido de mí y de los dichos mis Reinos e Señoríos, aunque no puede ser tanto como Su Señoría merece e yo deseo, es mi merced e voluntad e mando que, por la obligación e deuda que estos mis Reinos deben e son obligados a Su Señoría por tantos bienes e mercedes que Su Señoría tiene e ha de tener por su vida, haya e lleve e le sean dados e pagados cada año par toda su vida, para sustentación de su Estado Real, la mitad de lo que resta sen las Islas e Tierra Firme del Mar Océano, que hasta ahora son descubiertas, e de los provechos e derechos justos que en ellas hubiese, sacadas las costas que en ellas se hicieren, así en la administración de la justicia como en la defensa de ellas y en las otras cosas necesarias; e más diez cuentos de maravedís cada año por toda su vida, situados en las rentas de las alcabalas de los dichos Maestrazgos de Santiago e Calatrava e Alcántara, para que Su Señoría lo lleve e goce e haga de ello lo que fuere servido; con tanto que después de sus días la dicha mitad de rentas e derechos e provechos e los dichos diez cuentos e maravedís, finquen e tornen e se consuman para la Corona Real de estos mis Reinos de Castilla; e mando a la dicha Princesa, mi hija, e al dicho Príncipe, su marido, que así lo hagan e guarden e cumplan por descargo de sus conciencias e de la mía.

HOMENAJE DE ACRECENTAMIENTO A TODOS LOS SERVIDORES REALES

Otrosí, suplico muy afectuosamente al Rey mi Señor, e mando a la dicha Princesa, mi hija, e al dicho Príncipe, su marido, que hayan por muy encomendados para servirse de ellos, e para los honrar, e acrecentar e hacer mercedes a todos nuestros criados e criadas, e continuos, familiares e servidores, en especial al Marqués e Marquesa de Moya, e al Comendador D. Gonzalo Chacón e a D. Garcilaso de la Vega, Comendador Mayor de León, e a Antonio de Fonseca, e Juan Velázquez, los cuales nos sirvieron mucho y muy lealmente.

LEGADO AL INFANTE D. FERNANDO, SU NIETO

Item mando, que al Infante D. Fernando, mi nieto, hijo de los dichos Príncipe y Princesa, mis hijos, le sean dados cada un año, para con que se críe, dos cuentos de maravedís, e le sean señaladas rentas en que los haya, hasta que se acabe de criar, e después le den lo que se acostumbra a dar a los Infantes de estos mis Reinos para su sustentación.

ORDEN DE SUCESIÓN EN EL REINO, ENTRE TODOS SUS DESCENDIENTES

E quiero e mando, que cuando la dicha Princesa Doña Juana, mi muy cara hija, falleciere en esta presente vida, sucedan en estos dichos mis Reinos e Tierras e Señoríos, e los haya y herede el Infante D. Carlos, mi nieto, su hijo legítimo, y del dicho Príncipe D. Felipe, su marido, e sea Rey y Señor de ellos; e después de los días de dicho Infante, sus descendientes legítimos e de legítimo matrimonio nacidos, sucesivamente de grado en grado, prefiriendo el mayor al menor, e los varones a las mujeres, guardando la Ley de la Partida que dispone en la sucesión de estos mis Reinos. E conformándome con la disposición de ella, quiero que si el hijo o hija mayor muriese antes que herede los dichos mis Reinos e Tierras e Señoríos, e dejare hijo o hija legítimos o de legítimo matrimonio nacidos, que aquél o aquéllos los hayan e no de otro alguno; por manera que el nieto o nieta o hijo o hija del hijo o hija mayor, prefiera a los otros hijos hermanos de su padre o madre. E si el dicho Infante Don Carlos falleciere sin dejar hijo o hija o otros descendientes legítimos e de legítimo matrimonio nacidos, quiero e mando que herede los dichos mis Reinos e Tierras e Señoríos, el Infante D. Fernando, mi nieto, hijo legítimo de la dicha Princesa, mi hija, e del dicho Príncipe, su marido, e sea Rey e Señor de ellos; e después de sus días, sus descendientes legítimos e de legítimo matrimonio nacidos, sucesivamente de grado en grado, prefiriendo el mayor al menor e los varones a las mujeres, e el nieto o nieta, hijo o hija del hijo o hija mayor, a los otros hijos hermanos de su padre o madre, como dicho es. E si el dicho Infante D. Fernando falleciere sin dejar hijo o hija o otros descendientes legítimos e de legítimo matrimonio nacidos, e no hubiere otro hijo varón legítimo e de legítimo matrimonio nacido de la dicha Princesa, mi hija, o descendientes de él legítimos e de legítimo matrimonio nacidos para que sucedan según dicho es, quiero e mando que herede los dichos mis Reinos e Señoríos e Tierras la Infanta Doña Leonor, mi nieta, hija legítima de la dicha Princesa e del dicho Príncipe, su marido, e sea Reina e Señora de ellos; e después de sus días, sus descendientes legítimos e de legítimo matrimonio nacidos, sucesivamente, prefiriendo el mayor al menor, e los varones a las mujeres, e el nieto o nieta, hijo o hija del hijo o hija mayor, a los otros hijos hermanos de su padre o madre, como dicho es. E si la Infanta Doña Leonor falleciere sin dejar hijo o hija, o otros descendientes legítimos e de legítimo matrimonio nacidos, quiero e mando que herede los dichos mis Reinos e Tierras e Señoríos, la Infanta Doña Isabel, hija legítima de la dicha Princesa, mi hija, e del dicho Príncipe, su marido, e suceda en ellos; e después de sus días sus descendientes legítimos e de legítimo matrimonio nacidos, sucesivamente de grado en grado, prefiriendo el mayor al menor e los varones a las mujeres, y el nieto o nieta, hijo o hija del hijo o hija mayor, a los otros hijos hermanos de su padre o madre, como dicho es. E si la dicha Infanta D. Isabel falleciere sin dejar hijo o hija o otros descendientes, legítimos e de legítimo matrimonio nacidos, quiero e mando que herede los dichos mis Reinos e Tierras e Señoríos las otras hijas legítimas e de legítimo matrimonio nacidas de la dicha Princesa Doña Juana, mi hija, si las hubiere, e sus descendientes legítimos e de legítimo matrimonio nacidos de cada una de ellas, sucesivamente de grado en grado, prefiriendo el mayor al menor e los varones a las mujeres, y el nieto o nieta, hijo o hija del hijo o hijo mayor, a los otros hijos hermanos de su padre e madre, como dicho es. E si la dicha Princesa, mi hija, falleciere sin dejar hijo o hija o otros descendientes legítimos e de legítimo matrimonio nacidos, quiero e mando, que herede los dichos mis Reynos, e tierras e señoríos, la Serenísima Reyna de Portugal, mi muy cara, e muy amada hija; e después de sus días el Príncipe de Portugal mi nieto, su hijo legítimo e del Serenísimo Rey de Portugal Don Emanuel su marido; es después de los días del dicho Príncipe, sus descendientes legítimos e de legítimo matrimonio nacidos sucesivamente de grado en grado, prefiriendo el mayor al menor, e los varones a las mujeres, e el nieto, o nieta del hijo, o hija mayor, a los otros hijos hermanos de su padre o madre, según dicho es. E si dicho Príncipe de Portugal D. Juan, mi nieto, falleciere, sin dejar hijo o hija o otros descendientes legítimos e de legítimo matrimonio nacidos e no tuviere otro hijo varón legítimo e de legítimo matrimonio nacido de la dicha Reina de Portugal, mi hija, o descendientes legítimos e de legítimo matrimonio nacidos, para que sucedan por la vía e orden, e como dicho es, quiero e mando que hereden los dichos mis Reinos e Tierras e Señoríos e sucedan en ellos la Infanta Doña Isabel, mi nieta, hija legítima de la dicha Reina de Portugal, mi hija, e del dicho Rey su marido; e después de sus días sus descendientes legítimos de grado en grado, prefiriendo el mayor al menor e los varones a las mujeres, e el nieto o nieta, hijo o hija del hijo o hija mayor, a los otros hijos hermanos de su padre o madre, según dicho es. E si la dicha Infanta Doña Isabel, mi nieta, falle-

164

Relieve de los Reyes Católicos en la Universidad de Salamanca.

ciere sin dejar hijo o hija o otros descendientes legítimos e de legítimo matrimonio nacidos, quiero e mando que hereden los dichos mis Reinos e Tierras e Señoríos las otras hijas legítimas e de legítimo matrimonio nacidas de la dicha Reina de Portugal, mi hija, si las hubiere, e sus descendientes legítimos e de legítimo matrimonio nacidos, sucesivamente de grado en grado, prefiriendo el mayor al menor e los varones a las mujeres, e el nieto o nieta, hijo o hija del hijo o hija mayor, a los otros hijos hermanos de su padre o madre, por vía e orden que dicho es. E si la dicha Reina de Portugal, Doña María, mi hija, falleciere sin dejar hijo o hija o otros descendientes legítimos e de legítimo matrimonio nacidos, quiero e mando que herede mis Reinos eTierras e Señoríos, la Princesa de Gales, Doña Catalina, mi muy cara e muy amada hija; e después de sus días sus descendientes legítimos e de legítimo matrimonio nacidos, sucesivamente de grado en grado, prefiriendo el mayor al menor e los varones a las mujeres, e el nieto o nieta, hijo o hija mayor a los otros hijos hermanos de su padre o madre, como dicho es.

LEGADO DE JOYAS, RELIQUIAS Y BIENES A SUS HIJOS, AL MONASTERIO DE SAN ANTONIO DE SEGOVIA, A LA IGLESIA CATEDRAL DE GRANADA Y AL REY

Item mando, que se den e tornen al dicho Príncipe e Princesa, mis hijos, todas las joyas que ellos me han dado; e que se dé al Monasterio de San Antonio de la Ciudad de Segovia, la Reliquia que yo tengo de la saya de Nuestro Señor; e que todas las otras reliquias mías que se den a la Iglesia Catedral de la Ciudad de Granada.

E para cumplir e pagar todas las deudas e cargos susodichos, e las otras mandas e cosas en este testamento contenidas, mando que mis testamentarios tomen luego e distribuyan todas las cosas que yo tengo en el Alcázar de Segovia, e todas las ropas e joyas e otras cosas de mi Cámara e de mi persona, e cualquier otros bienes muebles que yo tengo, donde pudieren ser habidos, salvo los ornamentos de mi capilla, sin las cosas e oro e plata que quiero e mando sean llevadas e dadas a la Iglesia de la Ciudad de Granada. E suplico al Rey, mi Señor, se quiera servir de todas las dichas joyas e cosas o de las que más a Su Señoría agradaren, porque viéndolas pueda tener más continua memoria del singular amor que a Su Señoría siempre tuve; y aun porque siempre se acuerde que ha de morir y que lo espero en el otro siglo y con esta memoria pueda más santa e justamente vivir.

NOMBRAMIENTOS DE TESTAMENTARIOS Y EJECUTORES DE SU ULTIMA VOLUNTAD

E dejo por mis testamentarios e ejecutores de este mi testamento e última voluntad, al Rey, mi Señor, porque según el mucho e gran amor que a Su Señoría tengo y me tiene, será mejor e más presto ejecutado; e al muy Reverendo en Cristo Padre Don Fray Francisco Ximénez, Arzobispo de Toledo, mi Confesor e del mi Consejo; e a Antonio de Fonseca, mi Contador Mayor; e a Juan Velázquez, Contador Mayor de la dicha Princesa, mi hija, e del mi Consejo; e al Reverendo en Cristo Padre Don Fray Diego de Deza, Obispo de Palencia, confesor del Rey, mi señor, e del mi Consejo; e a Juan López de Carraga, mi Secretario e Contador. E porque por ser muchos testamentarios, si se hubiese de esperar a que todos se hubiesen de juntar para entender en cada cosa de las de este mi testamento contenidas, la ejecución de él se podría algo diferir; quiero e mando que lo que el Rey mi Señor con el dicho Arzobispo e con los otros mis testamentarios que con Su Señoría e con el dicho Arzobispo se hallaren en la sazón e hicieren en la ejecución de este mi testamento, valga e sea firme como si todos juntamente lo hicieren. E ruego y encargo a los dichos mis testamentarios e a cada uno de ellos que tengan tanto cuidado de lo así hacer e cum-

167

plir y ejecutar como si cada uno de ellos fuese para ello solamente nombrado. E suplico a Su Señoría quiera aceptar este cargo, especialmente lo que toca a la paga e satisfacción de las dichas mis deudas. E ruego y encargo a los dichos Arzobispo e Obispo, que tengan especial cuidado, como luego se cumpla e todas las otras cosas contenidas en este mi testamento, dentro del año, e que en ello no haya dilación en manera alguna.

LEGADO DE BIENES RESTANTES A IGLESIAS, HOSPITALES Y POBRES

E cumplido este mi testamento e cosas en él contenidas, mando que todos los otros mis bienes muebles que quedaren se den a Iglesias e Monasterios para las cosas necesarias al culto divino del santo Sacramento, así para la custodia e ornato del Sagrario e las otras cosas que a mis testamentarios paresciere; e asimismo se den a Hospitales, e a pobres de mis Reinos e a criados míos si algunos hubiese pobres, como a mis testamentarios paresciere.

EXIGENCIA DE CUMPLIMIENTO

E mando a la dicha Princesa, mi hija, pues a Dios gracias en la sucesión de mis Reinos le quedan bienes para la sustentación de su Estado, que esto se cumpla como yo lo mando.

INSTITUCIONES DE DOTES A SUS HIJAS

E mando a la Serenísima Reina de Portugal e a la Ilustrísima Princesa de Gales, mis hijas, que sean contentas con las dotes, e casamientos que yo les di, acabándose de cumplir, si algo estuviere por cumplir al tiempo de mi fallecimiento; en las cuales dotes, sí, y en cuanto necesario es las instituyo.

OTORGAMIENTO DE PODER ABSOLUTO PARA CUMPLIR TODO EL TESTAMENTO

Para lo cual así hacer e cumplir e ejecutar, doy por la presente todo mi poder cumplido a los dichos mis testamentarios, según que mejor e más cumplidamente lo puedo dar de mi poderío Real absoluto; e por la presente los apodero de todos los mis bienes, oro e plata e moneda amonedada, e joyas e en todas las otras cosas mías; e les doy poder e autoridad, con libre e cumplida facultad, e general administración, para que puedan entrar y entren, e tomen tantos de mis bienes, oro e plata e otras cualesquier cosas de cualquier calidad e valor que sean dondequier que las yo tuviere, e asimismo las cosas susodichas de mi Casa, e Cámara, e Capilla e cualquier rentas, e otras cosas a mi pertenecientes, en tanto cuanto fueren menester para ejecutar las mandas, e cosas en este mi testamento contenidas. Especialmente quiero, e mando, porque mis deudas e cargos sean mejor e más prestamente pagados, e mi conciencia sea más segura, e mejor descargada, que todo lo que se montare en las dichas deudas, se tome e parte luego de las rentas de aquel año que yo falleciere e de ellas cumplan e paguen todas las dichas deudas, e cargos e cosas en este mi testamento contenidas, en manera que dentro del dicho año sean cumplidas, e pagadas realmente, e con efecto; e que hasta ser entregados enteramente los dichos mis testamentarios de todo ello, e lo mejor parado de las dichas rentas que se haya de ellas otras libranzas, ni toma de maravedís algunos por alguna otra necesidad, e cosa de cualquier calidad que sea; lo cual suplico al Rey mi Señor e ruego a la dicha Princesa mi hija, que lo hayan por bien, e lo manden así hacer e cumplir. E por la presente doy mi poder cumplido a los dichos Rey mi Señor, e Arzobispo, mis Testamentarios, para que declaren todas e cualesquier deudas que ocurrieren cerca de las cosas en este mi testamento contenidas, como aquellos que sabrán, e saben bien mi voluntad en todo, e cada cosa, e parte de ello; e su declaración quiero, e mando que valga como si yo misma la hiciese o declarase. E es mi merced, e voluntad, que éste valga por mi testamento, e si no valiere por mi testamento, valga por codicilo, e si no valiere por codicilo, valga por mi última, e postrimera voluntad, y en aquella mejor forma, e manera que puede, e debe valerse si alguna mengua, o defecto hay en este mi testamento, yo de mi propio motu, e cierta ciencia, e poderío Real absoluto, de que en esta parte quiero usar, e uso, lo suplo, e quiero haber, e que sea habido por suplido, e alzo e quito de él todo obstáculo, e impedimento así de hecho, como de derecho, de cualquier natura, calidad, e valor, efecto, o misterio que sea, que lo embargase, o pudiese embargar, e mando, que todo lo contenido en este dicho mi testamento, e cada cosa, e parte de ello, se haga, e cumpla, e guarde realmente, e con efecto no obstante cualesquier leyes, e derechos comunes e particulares de los dichos mis Reinos, que en contrario de esto sean, o ser puedan; e otrosí no embargantes cualesquier juramentos, e pleitos, e homenajes, e fés, e otras cualesquier seguridades, e votos e promisiones, de cualquier calidad que sean, que cualesquier personas mis súbditos e naturales tengan hechos, así al dicho Rey mi Señor e a mí, corno a otras cualesquier personas eclesiásticas, e seglares, ca yo de mi propio motu, e cierta ciencia, e poderío Real absoluto, de que en esta parte quiero usar, e uso, dispenso con todo ello, e con cada cosa, e parte de ello e las abrogo, e derogo e alzo, e quito los dichos juramentos e pleitos, e homenajes e fés, e seguridades e votos e promisiones que en cualquier manera a la sazón tuviere hechos, e les absuelvo e doy por libres, e ellos e a sus bienes, herederos e sucesores para siempre jamás, para que hagan e cumplan todo aquello que yo por este mi testamento, e por las cartas, e provisiones que sobre ello mandé dar, e di conformes a ello, mando e ordeno, a cada cosa, e parte de ello. El cual dicho mi testamento, e lo en él contenido, e cada cosa, e parte de ello, quiero e mando que sea habido e tenido, e guardado por ley, e como ley, e que tenga fuerza e vigor de ley, e no lo embargue Ley, Fuero, ni derecho, ni costumbre, ni otra cosa alguna, según dicho es, porque mi merced, e voluntad es, que esta ley, que yo hago aquí, e ordeno, así como postrimera, revoque o derogue cuanto a ella, todas e cualesquier Fuero e Leyes, e derechos e costumbres, e estilos e hazañas, e otra cosa cualquier que lo pudiese embargar. E por este testamento revoco e doy por ningunos e por ningún valor, y efecto cualesquier otro testamento o testamentos, codicilo o codicilos, manda o mandas, e postrimeras voluntades, que yo haya hecho, e otorgado hasta aquí en cualquier manera; los cuales, e cada uno de ellos, en caso que parezcan, e quiero e mando, que no valgan ni hagan fe en juicio ni fuera de él, salvo aqueste que yo ahora hago, e otorgo en mi postrimera voluntad, como dicho es.

LUGAR DE ENTERRAMIENTO DE SUS HIJOS DOÑA ISABEL Y DON JUAN

Item mando, que luego que mi cuerpo fuere puesto, e sepultado en el Monasterio de Santa Isabel de la Alhambra de la Ciudad de Granada, sea luego trasladado por mis Testamentarios al dicho Monasterio el cuerpo de la Reina, e Princesa Doña Isabel, mi hija, que haya santa gloria.

Item mando, que se haga una sepultura de alabastro en el Monasterio de Santo Tomás, cerca de la ciudad de Ávila, donde sea sepultado el Príncipe Don Juan mi hijo, que haya santa gloria, para su enterramiento, según bien visto fuere a mis Testamentarios.

CONSTRUCCIÓN DE LA CAPILLA REAL EN GRANADA

Item mando, que si la Capilla Real que yo he mandado hacer en la Iglesia Catedral, de Santa María de la O, de la Ciudad de Granada, no estuviere hecha al tiempo de mi fallecimiento, mando que se haga de mis bienes, o lo que de ella estuviere por acabar, según yo lo tengo ordenado, e mandado.

ORDEN DE ENTREGA DE LOS BIENES A LOS TESTAMENTARIOS

Item mando, que para cumplir y pagar las deudas, e cargos, e otras cosas en este mi testamento contenidas, se pongan en poder de dicho Juan Velázquez, mi Testamentario, todas las ropas e joyas, e cosas de oro, e plata e otras cosas de mi Cámara, e persona, e lo que yo tengo en otras partes cualesquier; e lo que estuviere en moneda, se ponga en poder del dicho Juan López, mi Testamentario, para que de allí se cumpla e pague como dicho es; e que si los dichos mis Testamentarios no lo pudieren todo acabar de cumplir, e pagar e ejecutar dentro del dicho año, lo puedan acabar de cumplir, e pagar e ejecutar pasado el dicho año, según e como dicho es.

GUARDA DEL TESTAMENTO Y COPIAS DEL MISMO

E mando que este mi testamento original sea puesto en el Monasterio de Nuestra Señora de Guadalupe, para que cada, e cuando fuere menester verlo originalmente, lo puedan allí hallar; e que antes que se lleve se hagan dos traslados de él signados de Notario público, en manera que hagan fe, e que el uno de ellos se ponga en el Monasterio de Santa Isabel de la Alhambra de Granada, donde mi cuerpo será sepultado, y el otro en la Iglesia Catedral de Toledo, para que de allí puedan ver todos los que de él se entendieren aprovechar. E porque esto sea firme, e no venga en duda, otorgué este mi testamento ante Gaspar de Grizio, Notario público, mi Secretario, e lo firmé de mi nombre, e mandé sellar con mi sello, estando presentes, llamados o rogados por testigos, los que sobrescribieron con sus sellos pendientes, los cuales me lo vieron firmar de mi nombre, e lo vieron sellar de mi sello; que fué otorgado en la villa de Medina del Campo a doce días del mes de octubre, año del Nacimiento de Nuestro Salvador Jesucristo de mil e quinientos e cuatro años.

Yo la Reina

(Aquí sigue el sello de sus armas reales impreso con cera colorada, y luego la suscripción de Notario, que dice así):

SUSCRIPCIÓN NOTARIAL

E yo Gaspar de Grizio, Notario público por la Autoridad Apostólica, Secretario del Rey, e de la Reina, nuestros señores, e su Escribano público en la su Corte, e en todos sus Reinos, e Señoríos, fuí presente al otorgamiento que la Reina Doña Isabel Nuestra Señora hizo de este su testamento, e postrimera voluntad, en uno con Don Juan de Fonseca, Obispo de Córdoba, e D. Fadrique de Portugal, Obispo de Calahorra, e D. Valeriano Ordóñez de Villaquirán, Obispo de Ciudad Rodrigo, y el Doctor Pedro de Oropesa, e el Doctor Martín de Angulo, e el Licenciado Luis Zapata, del su Consejo, e Sancho de Paredes su Camarero, para ello mandado e rogados por testigos, los cuales vieron firmar en el a la Reina nuestra señora. e selláronlo con su sello; e cerrado lo sobrescribieron de sus nombres, e sellaron con sus sellos. E al dicho otorgamiento este testamento escribí en estas nueve hojas de pergamino con esta en que va mi signo: e hice encima de cada plana tres rayas de tinta, y en cabo de cada una firmé mi nombre, en testimonio de verdad, rogado e requerido.

173

SUSCRIPCIÓN DE TESTIGOS

Yo, Don Juan Rodríguez de Fonseca, Obispo de Córdoba, fuy presente por testigo al otorgamiento que la Reina doña Isabel, nuestra señora, hizo de este testamento e se lo vi firmar e lo vi sellar e lo firmé de mi nombre. J. Episcopus Cordubensis.

Yo, Don Fadrique de Portugal, Obispo de Calahorra, fuy presente por testigo al otorgamiento que la Reina Doña Isabel, nuestra señora, hizo de este testamento, e se lo vi firmar e se lo vi sellar con su sello e lo firmé de mi nombre e sellé con mi sello. El Obispo de Calahorra.

Yo, Don Valeriano Ordóñez de Villaquiran, Obispo de Ciudad Rodrigo, fuy presente por testigo al otorgamiento que la Reina, nuestra señora, hizo de este testamento, e se lo vi firmar e lo vi sellar con su sello, e lo firmé de mi nombre e sellé con mi sello. V. Episcopus Civitatensis.

Yo, el Doctor Martín Fernández de Angulo, Arcediano de Talavera, del Consejo de Sus Altezas, fuy presente por testigo al otorgamiento que la Reina, nuestra señora, hizo de este testamento, e se lo vi firmar, e lo vi sellar con su sello, e lo firmé de mi nombre e sellé con mi sello. Martinus Doctor. Archidiaconus de Talavera.

Yo, el Doctor Pedro de Oropesa, del Consejo de Sus Altezas, fuy presente por testigo al otorgamiento que la Reina Doña Isabel, nuestra señora, hizo de este testamento, e se lo vi firmar e lo vi sellar con su sello, e lo firmé con mi nombre e sellé con mi sello. Petrus Doctor.

Yo, el Licenciado Luis Zapata, del Consejo de Sus Altezas, fuy presente al otorgamiento que la Reina, nuestra señora, hizo de este testamento, e lo vi sellar e firmar de su nombre, e porque es verdad firmelo de mi nombre e sellélo de mi seno. El licenciado Zapata.

Yo, Sancho de Paredes, Camarero de la Reina nuestra señora, fuy presente por testigo al otorgamiento que Su Alteza hizo de este testamento, e se lo vi sellar de su nombre e lo vi sellar de su sello, e porque es verdad lo firmé de mi nombre e lo sellé con mi sello. Sancho de Paredes.

EXTRACTO DEL TESTAMENTO DE CARLOS I, EN LA PARTE QUE AFECTA A SU MADRE DOÑA JUANA

En el nombre de Dios todo poderoso Padre, Hijo, Spíritu Santo, tres Personas, un solo Dios verdadero y de la gloriosa siempre Virgen y Madre suya Santa María, nuestra Señora, y de todos los Santos y Santas de la Corte Celestial. Nos don Carlos, por la divina clemencia Emperador de los Romanos, Augusto Rey de Alemaña, de Castilla, de León, de Aragón, de las dos Sicilias, de Hierusalém, de Ungría, de Dalmaçia, de Croaçia, de Navarra, de Granada, de Toledo, de Valençia, de Galicia, de Sevilla, de Mallorca, de Çerdeña, de Córdova, de Córcega, de Murçia, de Jaén, de los Algarbes, de Algezira, de Gibraltar, de las islas de Canaria, de las Indias, islas y Tierra Firme del Mar Océano, archiduque de Austria, duque de Borgoña, de Brabante, de Lothoringia, de Corintia, de Carniola, de Linburg, de Luçenburg, de Gueldres, de Athenas, de Neopatria, conde de Barcelona, de Flandes, de Tirol, de Auspurg, de Arthois y de Borgoña, palatino de Henao, de Olandia, de Zelandia, de Ferrete, de Friburg, de Hanurg, de Rosellón, de Hutfania, Langrave de Alsacia, marqués de Burgonia y del Sacro Romano Imperio, de Oristán y de Gociano, príncipe de Cataluña y de Suevie, señor de Frisia, de la Marcha Esclavonia, de Puerto Haon, de Vizcaya, de Molina, de Salinas, de Triplo y de Malinas, etc. Conociendo que no ay cosa mas çierta a los hombres que la muerte, ni mas inçierta que la ora della, queriendo hallarme y estar prevenido para ir a dar cuenta a quien crió, siempre que por El fuere llamado, de lo que por su infinita bondad en este mundo me tiene encomendado, avemos deliberado, de hazer y ordenar nuestro testamento y postrimera voluntad, estando sano de nuestro cuerpo, seso y entendimiento, que Dios nuestro Señor nos quiso conçeder, en la manera y forma siguiente: (...)

(...) El qual, luego que Dios me llevare desta presente vida, se intitule, llame y sea rey, como se hizo conmigo despues de la muerte del Rey Catholico, mi señor, y abuelo. Y mando a todos los prelados, grandes, duques, marqueses y condes y ricos hombres, y a los priores, comendadores, alcaydes de las casas fuertes y llanas y a los caballeros, adelantados, y merinos, y a todos los conçejos y justiçias, alcaldes, alguaçiles, regidores, ofiçiales y homes buenos, de todas las çibdades, villas, lugares e tierras de mis reynos y señorios, y a todos los bisorreyes, gobernadores, castellanos, capitanes, guardas de las fronteras de allende y aquende el mar, y a otros qualesquier ministros y ofiçiales en los nuestros reynos, asì de la Corona de Castilla y Aragón, Nápoles y Seçilia, como de los nuestros estados y señorios de Borgoña, Brabante, Flandes, y todos los demás en las Tierras Baxas a Nos perteneçientes y de suso declarados y a todos los otros mis vasallos, subdítos y naturales de qualquier estado o grado, preheminençia y dignidad que sean, por la fidelidad, lealtad, reverençia, sugeçión y vasallage que me deven y son obligados, como a su Rey y Señor natural, y en virtud de los juramentos de fidelidad y pleyto homenage que me hizieron al tiempo que suçedí en los dichos reynos, estados y señorios, que cada y quando pluguiere a Dios de me llevar desta presente vida, los que se hallaren presentes y los absentes dentro del término que las leyes de los dichos reynos y señoríos, en las caso disponen, vengan, ayan, tengan, y reçiban al dicho prínçipe don Phelipe, mi hijo, por su Rey verdadero y Señor natural, propietario de los dichos mis reynos, estados, tierras y señoríos, y alçen pendones por él, haziendo la solempnidades que en tal caso se suelen acostumbran hazer, según el estilo uso y costumbre de cada provinçia. Y así le nombren e intitulen dende en adelante y le den, presten, y exiban y le hagan prestar y exibir toda la fidelidad lealtad y obediençia que como subditós naturales son obligados a su Rey y Señor.

Y mando a todos los alcaydes y castellanos de los alcáçeres, fortañezas, castillos y casa llanas y sus lugaresteniente de qualesquier çibdades, villas y lugares y despoblados que hagan pleyto homenage y juramento, según costumbre y fuero de España, en los que fueren de las Coronas de España, y en los otros estados y señoríos de Flandes y las Tierras Baxas según la costumbre de la proviençia donde serán por ellas al dicho prínçipe don Felipe, mi hijo, y de las tener y guardar para su serviçio durante el tiempo que se las mandare tener. Lo qual todo lo que dicho es cada cosa y parte dello, les mando que hagan y cumplan realmente y con efeto, so aquellas penas y casos en que caen e incurren los rebeldes e inobedientes a su Rey y Señor natural. Y quiero, y así lo encargo y mando al dicho serenísimo Prínçipe, mi hijo, que en quanto viviere la serenísima muy alta y muy poderosa Reyna, mi señora madre reine juntamente con ella, según y por la orden que yo lo he hecho y hago al presente por aquella misma manera.

Y mando al dicho Prínçipe, mi hijo, y qualquier heredero mío y sus tutores y governadores, que la sirvan y acaten y hagan que sea servida y acatada como a su Real Persona conviene, y le hagan acudir y acudan y señalen y sean señalados los cuentos de maravedís que yo le he mandado librar, y todo lo que es menester cada año para la provisión, salarios y quitaçiones de su Casa y criados, sin que en ello aya faltan defeto alguno. Y ordenamos y mandamos, que cuando a nuestro Señor pluguiere de llevar para sí a Su Alteza, que sea después de muchos años, su cuerpo sea llevado a la çibdad de Granada y sepultado en la Capilla Real arriba dicha, çerca del rey don Felipe. Mi señor y padre, que aya Santa Gloria, con la solempnidad y ponpa que a Su Real Persona conviene.

Otrisí, encargo al dicho Prínçipe, mi hijo y heredero, que mire mucho por la conservación del patrimonio real de los dichos reynos, estados y señorios, y que no venda, ni enagene, ni enpeñe alguna de las çibdades, villas y lugares, vasallos, jurisdicciones, rentas, pechos y derechos, ni otra cosa alguna perteneçiente a la Corona Real, de los dichos reynos y patrimonio dellos y de los otros estados y señoríos y que haga guardar y mirar las preheminençias reales, en todo aquello que al Çentro Real y señorío conviene. Y guarde y mande guardar a los hijosdalgo sus libertades y exemptiones, como su gran lealtad y fidelidad lo mereçen. Y le en encargamos que haga mercedes y mande hazer buen tratamiento a los criados de la reyna, mi señora, e míos.

(...) Y después de los días el dicho serenísmo Prínçipe. mi hijo, suçeda en los dichos mis reynos e señoríos, el illustrísimo infante don Carlos su hijo, mi nieto, y después dél su hijo mayor varón, si lo oviere y, en defecto de varón, su hija mayo, siendo siempre un solo suçesor, con la deçlaración, quanto a los estados y señoríos de Flandes y Tierras Baxas que adelante en este testamento se pondrá y espeçificará.

Y si por ventura, lo que Dios no quiera ni permita, oviese llevado desta presente vida al dicho príncipe don Felipe, mi hijo, al tiempo de mi fin e muerte, en tal caso, desde luego, establezco e instituyo por mi heredero y suçesor universal de todos los dichos mis reynos e señoríos, con la dicha declaración que de yuso se dirá, al dicho illustrísmo infante don Carlos, su hijo, mi nieto, padre del dicho Infante, teniendo siempre la revereçia y acatamiento que está dicho a la Cathólica Reyna, mi señora madre, como a su Real persona es devido...

(...) Y en caso del dicho príncipe don Felipe, mi hijo, ni del dicho Infante don Carlos no quedarse suçesión legítima, nonbro por universal heredera y suçesora en todos los dichos mis reinos, estados y señoríos, de todas partes, a la serenísima infante doña Maria, reyna de Bohemia, nuestra hija, la cual mandamos que luego sea jurada y obedecida por Reyna Señora, según y como esta dicho en la persona del serenísimo Prínçipe, mi hijo, teniendo el respeto acatamiento y reverençia que es debida a la Cathólica Reyna, mi señora. Y después de los días de la Infante Reyna, nuestra hija, nombro a su hijo mayor varón legitimo y, en defecto de varón, a su hija mayor legitima, con prerrogativa del mayor al menor y del varón a la henbra y del nieto, hijo del primogénito, al segundogénito, según de suso está declarado. Y cuando acaeçiese falleçer la dicha Infante Reyna, doña Maria, nuestra hija, sin suçesion legítima, en tal caso, ordenamos y mandamos que suçeda en todos los dichos nuestros reynos, estados y señoríos, la serenísima infante doña Juana, prinçesa de Portugal, nuestra hija segunda, y después della su hijo mayor varón, y en defecto de varón, su hija mayor, prefiriéndose sienpre el varón a la henbra y el mayor al menor, y el nieto al hijo segundogénito del ultimo rey o reyna que falleçiere, según de uso está dicho y repetido.

Y en caso que la dicha infante prinçesa doña Juana falleçiese sin dexar desçendientes legítimos, en tal caso, llamamos y emos por llamado a la suçesión de los dichos nuestros reynos, estados y señoríos universalmente al serenísimo infante don Fernando, Rey de Romanos y de Ungria, nuestro hermano, teniendo el acatamiento y reverencia que esta dicha a la Cathólica Reyna, mi señora madre. Y después de los días del dicho serenísimo Rey, mi hermano, a su hijo mayor varón legítimo y, en defeto de varón, a su hija mayor legítima, con las prerrogativas y declaraciones susodichas.

Y en defecto de suçesión legitima del dicho Rey, nuestro hermano, declaramos y estableçemos por nuestra heredera universal, en todos los dichos reynos, estados y señorios de suso declarados a la Cristianísima Reyna, biuda de Francia, doña Leonor, nuestra hermana y después de sus días a si legitima suçesión, según de suso esta dispuesto y repetido en los antes llamados (...)

(...) E porque ella tiene reçebidas del valor de las dichas joyas que fincaron de la dicha serenísima Emperatriz, la suma de las noventa e siete mill e quinientas e setenta e siete doblas, como dicho está dezimos, declaramos e mandamos, que sobre la dicha suma, se aya de cumplir lo que fueremos obligado de razón e justicia hasta ser cumplido lo que de su legítima materna le toca e arriba está declarado, para que anbas hermanas queden yguales. E por quanto el repartimiento de dichas joyas, que fueron de la dicha serenísima Emperatriz, que aya Gloria, e sus muebles, se hizo por virtud de una carta nuestra, escrita desde Agusta a la serenísima Reyna de Bohemia, nuestra hija, que entonçes governava en España, estando con Nos el serenísimo Prínçipe, nuestro hijo, por la qual le escrivimos que nuestra voluntad era, e así lo avíamos colegido de la voluntad de la Emperatriz, que aya Gloria, que la joyas se repartiesen entre el Prínçipe y sus hermanas, por yguales partes, y que así se hiziese, como en efecto se hizo, e se entregó a cada uno su terçia parte. La qual carta, se escrivió después de Nos aver determinado de mejorar en el dicho terçio e quinto, de los bienes que fincaron de la dicha serenísima Emperatriz, al dicho príncipe don Felipe, nuestro hijo, y de hecho lo avíamos así ordenado y dispuesto, en el testamento que en Bruselas antes avíamos otorgado y nunca fue nuestra intención de prejudicar por la dicha carta ni tocar al dicho terçio e quinto, sino que lo de las joyas se le diese a cada una de nuestras hijas fuese en cuenta y pago de lo que su legítima materna le podía caber. Por ende, aora para mayor claridad lo dezimos y disponemos así, e mandamos que el dicho príncipe don Felipe, aya y lleve enteramente el dicho terçio e quinto de mejora, demás de su legítima, según que de suso está dicho y declarado. Y en lo que toca a los dozientos mill cruzados que por nuestra parte y lo que de Nos podía pertenecer, a la dicha infante prínçesa doña Juana, nuestra hija, mandamos que, lo que no estoviere con ella cumplido, se cumpla e satisfaga enteramente, como le fue señalado, en lugar de la legítima que de Nos le pudo caber. Y así instituimos a cada una de las dichas hijas infantes, doña María y doña Juana, reyna de Bohemia, y prinçesa de Portogal, por nuestras herederas, a cada una de las quales se satisfará por sus legítimas, que de Nos les pueden perteneçer, con los doziento mill ducados o cruzados que les están señalados a cada una. Y en todo lo demás tocante a nuestro reino e señoríos e bienes muebles, derechos y actiones que nos perteneçen e perteneçer pueden, excluidos, y emos por excluidas, a las dichas nuestras hijas e cada una dellas, porque con la suma susodicha está cumplido sufiçientemente con ellas.

Yten, porque la manda que hago arriba, de los treynta mill ducados, para casamientos de mugeres pobres y redempçión de cativos y limosna de pobres envergonçantes, no se difiera, ni en ella aya estorvo, dilaçión, ni impedimento alguno, por ningún respecto, ni causa, ni que se diga que no ay dineros prestos para ello y que sea menester esperar que se ayan. Por ende, ordeno y mando que los treynta mill ducados que Yo antes de ahora, tengo mandado que se meta en un arca con tres llaves, e se depositen en la fortaleza de Simancas, y allí estén, hasta el tiempo que Dios fuere servir de me llevar desta presente vida, los quales treynta mill ducados, son de los que se cogen de los derechos de onze y seis al millar, que algunos años a, que e mandado recoger y que adelante se continue, estos mismos treynta mill ducados deste depósito, se conviertan y empleen todos, en el cumplimiento y efectuaçión de la dicha manda y en aquellas mesmas tres obras pías precisamente, y no en otra cosa alguna. Y para este efeto, mando a las personas que las tres llaves del area del dicho depósito tovieren, que las entreguen luego a mis testamentarios que en España se hallaran al tiempo de mi muerte, y ellos se apoderen de los dichos treynta mill ducados, para el cunplimiento de lo susodicho. Y el alcayde de la dicha fortaleza y su lugarteniente mando, en virtud de la fidelidad que nos deven y omenaje que nos tienen hecho, y so pena de caer en caso feo, que libremente y sin dilacion alguna, dexen a los dichos testamentarios o a quien ellos enbiaren sacar la dicha arca e dineros.

E si demás, y allende la suma de los dichos treynta mill ducados del dicho depósito y de los diez mil susodichos se hallare alguna quantidad de dineros millar que avemos, como dicho es, mandado recoger y que adelante se continue, de los quales dineros no ayamos dispuesto en vida, mandamos que la tal quantidad se convierta e distribuya en otras obras pías, demás de las susodichas, a quien lo remito, confiando dellos que ternán cuydado que se haga como más cumpla al servicio de Dios y beneficio de mi ánima. Y para este efeto, encomiendo mucho al Príncipe, mi hijo, que provea y mande que se tomen y fenezcan las cuentas, con los que ovieren tenido cargo de cobrar los dichos derechos, por manera que aya buen recaudo, se aya cobrado o fuere corrida y se deviere hasta el día de mi muerte, se convierta en otro uso alguno.

Otrosí, en lo que toca al cuento de juro en las Indias, que el duque d'Alba, mi mayordomo mayor, me suplicó que le perpetuase y confirmase, yo declaré por una çédula, que fue inclusa en mi testamento que otorgué en Bruselas, a XIX del año de mil e quinientos e çincuenta, lo que avía de hazer y exeputar, y otra del mesmo thenor, irá inclusa en este testamento. Y después, estando yo en Augusta y difiriéndose, por enbaraços que avía, el cumplimiento de la merced que le hize sobre el estado de Neobuch, quando se acabó de la guerra de Saxonia, se la mudé y pasé en las Indias, por le hazer más merced, donde le consigné çiento e traynta e seis mill ducados, de a trezientos y sesenta y çinco maravedís, y por esto, el dicho Duque se apartó de la pretensióndel dicho cuento y confirmación dél, y dixo y ofreçió, que entregaría los títulos que dello tenía para que se rasgasen, y asi me a escrito el Prínçipe, mi hijo, que se a hecho.

Con lo que arriba está dicho y ordenado, avemos dispuesto y declarado nuestra voluntad, y lo que devemos hazer quanto a la suçesión de nuestros reynos y señoríos y la orden y forma que en ella se a de tener, para que uniformemente vengan en el dicho serenísimo Príncipe don Felipe, nuestro hijo y sus desçendientes, que a todos los demás se an de predecir, con la declaraçión que está hecha, tocante el Tratado Matrimonial de Inglaterra. Y aunque confiamos en la infinita bondad y misericordia de Dios nuestro Señor, que el dicho serenísimo Príncipe, nuestro hijo, será vivo al tiempo de nuestra muerte, pero si, lo que dios no quiera, faltase y oviese de sucedernos el dicho infante don Carlos, su hijo, quedando en la edad menor de catorze años, en la qual no podría regir ni governar por su persona, los dichos reynos e señoríos, en tal caso, nombramos por sus tutores y governadores, así para su eprdonba, como para los dichos reynos y señoríos, durante la menor edad, para en los de la Corona de Castilla y Aragón y todo lo de Ytalia a las personas que quando nos pareçerá nonbraremos y señalaremos en otra escritura aparte, fuera desde nuestro testamento, las quales conforme a las leyes, fueros y constituçiones, capítulos, pramáticas, buenas y loables costumbres de los dichos reynos y señoríos y teniendo a la dicha Cathólica reyna, mi señora, la reverençia, respecto y acatamiento que está dicho en lo del serenísimo Príncipe, nuestro hijo, como a Su Alteza se debe, tengan cargo de regir administrar la persona de dicho infante don Carlos, que, luego a de ser avido y tenido por Rey y Señor natural, jurado y obedeçido por tal, en la manera que está dicho en lo del serenísimo Príncipe, mi hijo y de la administraçión y gobierno de los dichos reynos y señoríos, para lo qual, les damos poder y facultad tan bastante y cumplida, como en menester para el dicho efecto. Los quales, antes de entra en el dicho gobierno e administraçión y tutoría, jurarán solemnemente aquello que son obligados y deven jurar y de mirar con gran vigilancia y cuidado, por la ida y salud y buena criança del dicho Infante, como al Real Estado conviene, y de bien y fielmente regir y governar sus reynos con toda fidelidad, teniendo a Dios ante sus ojos para que en todo se guíen las cosas a su servicio y del dicho Infante, Rey niño, y bien y utilidad pública de los dichos reynos e señoríos declarados, como Nos dellos y de cada uno dellos muy enteramente confiamos, y por eso los emos nombrado y señalado para la cosa de mayor importancia, que después de nuestros días podría suçeder en los dichos reynos. El qual dicho cargo y administración, a de durar hasta que el dicho Infante cumpla la edad de diez y seis años, los quales cumplidos, a de espirar el cargo de los dichos tutores, curadores y governadores y el dicho Infante, por sí, sin ellos, regirá los dichos reynos, como verdadero Rey y Señor natural dellos, y para los quatro años que faltaren de edad para el cumplimiento de los veynte o mas o menos, según las

183

leyes, fueros y costumbres de los dichos reynos y señorios respectivamente. Nos dispensamos para que, no obstante que no aya cumplido los años susodichos, pueda regir y governar sus reynos, estados y señoríos por su persona, derogando para esto todas y qualesquier leyes, fueros, capítulos que lo contrario disponen por esta vez, y lo abilitamos al dicho infante don Carlos, nuestro nieto, y lo hazemos ábil y capaz, bien así como si oviese cumplido la edad de los dichos veynte o otra mayor, si fuese menester, quedando en los demás las dichas leyes y fueros, en su fuerça y vifor para adelante. Y la dicha dispensaçion y suplemento de edad, queremos, y es nuestra voluntad y merced, que se entienda generalmente en todos los reynos, estados y señoríos de todas partes. Y en lo que toca a la gobernación y administración de los nuestros señoríos de Borgoña y de Brabante, Flandes y los otros estados y tierras a ellos adjaçentes y todos los de las Partes Baxas, durante la menor edad del dicho Infante, en el caso que en ellos a de suçeder y hasta aver cunplido los años, nonbramos por su tutora, curadora y governadora, a la serenísima madama María, Reyna biuda de Ungría, nuestra hermana, para que ella durante la dicha menor edad, del dicho infante don Carlos, nuestro nieto, tenga cargo de regir, administrar, y governar, los estados, señoríos y tierras de las dichas partes, a la qual, afetuosamente rogamos que quiera açetar el dicho cargo, por serviçio de Dios y satisfacción y contentamiento nuestro, como confiamos que lo hará. Y en defeto de la dicha serenísima Reyna, nuestra hermana, nonbramos para el dicho cargo a las personas que nonbraremos y señalarmos en otra escritura aparte, como está dicho, en lo que toca a los reynos de la Corona de Castilla y Aragón y lo demás de Ytalia.

Y así mismo, mandamos al presidente y los del reverendísimo Senado, y los magistrados y cualesquier otros tribunales, capitanes de justicia y otros ministros della y todos los marqueses, condes, y varones, gentileshombres, cavalleros, ofiçiales e pueblos e otros cualesquier súbditos del dicho Estado y sus pertinençias, y a todos los coroneles, maestros de campo, capitanes, así de gente darmas, como de intanteria y cavallos ligeros, alférezes y otro honbres de cargo y qualesquier soldados en general y particular que estén a nuestro sueldo, de qualquier grado, condiçión y naçión que sean, que ayan, tengan y obedezcan por Duque y Señor del dicho Estado al dicho serenísimo Prínçipe don Felipe, nuestro hijo y le sirvan, obedezcan y acudan con todas sus fuerças como él les mandare o quien sus vezes terná, so pena que qualquiera que lo contrario hiziere, siendo natural del dicho Estado, sea avido y tenido como por la presente desde ahora para entonçes, le avemos y tenemos y declaramos, por ynobediente y rebelde a su señor verdadero y legítimo, duque de Milán e le avemos por caydo e incurrido en las penas corporales y confiscaçión de bienes, en que caen e incurren, los que son rebeldes según las leyes, constituçiones y ordenaçiones del dicho Estado, y a los otros coroneles, capitanes y hombres de guerra, de otras partes, so pena de caer e incurrir en las penas y casos en que caen, e incurren, los inobedientes y los que faltan a lo que deben, según derecho y las leyes y costumbres del exerçiçio y arte militar. Y que serán avisados, allende de lo susodicho, por ynobedientes a su rey y señor natural, siendo vasallos y subditos nuestros. Y todo lo arriba contenido, asi quanto a la personas de paz y de guerra, como a las penas declaradas, queremos y mandamos que aya lugar en la çibdad de Plasençia, y sus pertinençias, si, al tiempo de nuestro falleçimiento, estoviere, como aora esta, en nuestro poder y gobierno, y no oviéremos mandado hazer otra cosa della, conforme a la cláusula arriba contenida en lo que toca a la dicha çibdad de Plasençia.

Y para la buena execuçión y cumplimento deste nuestro testamento y postrimera voluntad, nonbramos por executores y testamentarios. Para lo que toca a los dichos reynos de la Corona de Castilla y Aragón, así los que están dentro de España, como fuera della y para todo lo de Ytalia, al dicho serenisimo príncipe don Felipe, nuestro hijo, y a don Fernando de Valdés, arzobispo de Sevilla, inquisidor general, y a don Antonio de Fonseca, patriarca de las Indias, presidente de nuestro Consejo, (tachado) e al Duque

185

Viejo que es de Gandía y al regente Juan de Figueroa, del nuestro Consejo, e a Juan Vazquez de Molina, nuestro secretario y al liçenciado Diego de Birbiesca de Muñatones, alcalde de nuestra Corte, de nuestro Consejo.

Y queremos que, si alguno de los dichos testamentarios muriere, los otros que quedaren puedan elegir otro en su lugar, que sea persona de autoridad y buena conçiençia, el qual tenga tanto poder como si yo en este testamento lo nonbrara.

Y para lo que toca al cumplimiento deste nuestro testamento en los nuestros señoríos de Flandes y Tierras Baxas, nonbramos por nuestros executores y testamentarios, a la dicha serenísima madama María, Reyna biuda de Ungría, nuestra hermana, y al dicho serenísimo Príncipe don Felipe, nuestro hijo, y a Antonio Perrenot, obispo de Arrás, del nuestro Consejo de Estado.

Y cada cosa y parte deste mi testamento, y de lo en él contenido, quiero y mando, que sea avido y tenido, y guardado, por ley, y que tenga fuerça y vigor de ley fecha y promulgada en Cortes, con grande y madura deliberaçión, y no lo enbargue ni estorve, fuero, ni derecho, ni costumbre, ni otra cosa alguna, según dicho es, porque mi merced y voluntad es, que esta ley, que yo aquí hago, derogue y abrogue, como postrera, cualesquier leyes, fueros y derechos, estilos y hazañas, y otra cosa cualquiera, que lo pudiese contradezir. Y por este mi testamento, revoco, y doy por ninguno y de ningún valor y efecto, cualesquier testamento, o testamentos, codiçilo, o codiçilos, manda o mandas, o postrimera voluntad que yo aya hecho y otorgado hasta aquí, en qualquier manera, los quales, y cada uno de ellos, en caso que parezcan, quiero y mando, que no valgan ni hagan fe en juizio ni fuera dél, salvo éste que aora hago y otorgo, en mi postrimera voluntad, como diho es. En fe y testimonio de lo qual, yo, el sobredicho Emperador y Rey, don Carlos, lo firmé de mi nombre y mano y lo mandé sellar con mis sellos pendientes de Castilla y de Aragón y las Tierras Baxas, que fue fecho y otorgado en la nuestra villa de Bruselas, a seis (...) días del mes de junio, año de nuestro Señor Ihesucristo, de mil e quinientos e çincuenta e quatro años. Va en la margen desta escritura, a hojas catorze, escrito lo siguiente: Yten, mando y es mi voluntad que, si quando yo falleçiere, quedare viva la Reyna, mi señora madre, que del dinero recogido y depositado en Simancas, se tomen diez mill ducados, e aquéllos se distribuyan en obras pías por el ánima de Su Alteza, como yo antes de aora lo tenía mandado, e la distribución se haga a serviçio de Dios, como a mis testamentos pareçerá, de quien lo confió. Y en la mesma hoja, va entre renglones do dize y de los diez mil susodichos. Yten, a las hojas diez e ocho, va en la margen lo siguiente: y considerando lo mucho que la sustentación del dicho Estado a costado a nuestros reynos de la Corona de Castilla y Aragón y los muchos vasallos y súbditos nuestros de todas partes que, sobre la defensión dél, an muerto y derramado su sangre, y a los hojas veynte, entre los nombres de los testamentarios, va borrado y testado, todo un renglón y parte dotro. Vala todo y no enpezca. Y así mesmo, vala y no en empeça, lo que va testado en la hoja catorze y en la diez y siete, en la primera plana y terçero renglón, de cada una.

Yo el Rey
(rubricado)

Fragmento del testamento de Carlos I trascrito por Manuel Fernández Álvarez. Biblioteca Nacional (Madrid).

BIBLIOGRAFÍA

ARAM, BETHANY. *La reina Juana: gobierno, piedad y dinastía.* Traducción de Susana Jákfalvi; revisión científica de Santiago Cantera Montenegro. Marcial Pons. Madrid, 2001.

FERNÁNDEZ ÁLVAREZ, MANUEL. *Carlos V. Un hombre para Europa.* Espasa. Madrid, 1999.

FERNÁNDEZ ÁLVAREZ, MANUEL. *Juana La Loca. La cautiva de Tordesillas.* Espasa. Madrid, 2001.

FERNÁNDEZ TORRES, ELEUTERIO. *Historia de Tordesillas.* Institución Cultural Simancas. Valladolid, 1982.

FRAY PRUDENCIO DE SANDOVAL. *Historia del emperador Carlos V.* Biblioteca de Autores Españoles. Madrid, 1955.

GARCÍA CARCEL, RICARDO. *La Inquisición.* Biblioteca El Sol. Anaya. Madrid, 1990.

HISTORIA DE ESPAÑA. Salvat Ediciones. Pamplona, 1986.

MOSBY. *Enciclopedia de medicina y enfermería.* Océano. Barcelona, 1988

PÉREZ, JOSEPH. *Carlos V. Soberano de dos mundos.* Claves. Barcelona, 1998.

RODRÍGUEZ VILLA, ANTONIO. *La reina doña Juana la Loca.* Madrid, 1892.

SOCIEDAD V CENTENARIO DEL TRATADO DE TORDESILLAS. *Tordesillas 1494.* Electa. Madrid, 1994.

STARKIE, WALTER. *La España de Cisneros.* Versión de Alberto de Mestas. Juventud. Barcelona, 1943.

WALSH, WILLIAM THOMAS. *Isabel de España.* Cultura España. Santander,

YANKO, ARONÍ. *Los silencios de Juana la Loca*. Belacqva. Barcelona, 2004.

ZALAMA RODRÍGUEZ, MIGUEL ÁNGEL. *Vida cotidiana y arte en el palacio de la reina Juana I en Tordesillas*. Universidad de Valladolid. Valladolid, 2003.